l'impromptu
d'outremont

La photo de la couverture est de *Jacques Grenier*.

Maquette de la couverture : Jacques Léveillé

ISBN 2-7609-0084-3

© Copyright Ottawa 1980 par les Éditions Leméac Inc.
Dépôt légal — Bibliothèque nationale du Québec
2ᵉ trimestre 1980

l'impromptu d'outremont

michel tremblay

THÉÂTRE/LEMÉAC

Une certaine Révolution culturelle vécue par une (autre) Bande des Quatre

par Laurent Mailhot

« C'est tellement plus facile de se mettre en dessous de la culture de quelqu'un d'autre plutôt que de s'en créer une ! Mais ce que je comprends mal c'est pourquoi notre sainte élite ne réagit pas plus énergiquement ! Où est sa belle prestance d'antan ? Où est son bagout ? »

UNE COMÉDIE BOURGEOISE

Douze ans après les Belles-Sœurs, *voici les Quatre Sœurs, ni nouvelles ni belles, cousines de Paulette de Courval et autres snobinettes. Elles représentent la Culture la plus figée, la moins créatrice : bijou, alibi, refuge, même pas musée.*

À l'heure du thé — «La marquise sortit à cinq heures...» —, dans un salon aux lourdes tentures, sombre, vieillot, on feuillette Vie des arts, *on consulte le Larousse pour choisir entre* ennuyant *et* ennuyeux, *on évoque le «Duc de Lorraine» (la célèbre pâtisserie) et, à peu près sur le même ton, «l'arrière-petite-nièce de Sir Wilfrid Laurier, l'arrière-petite-fille d'Henri Bourassa, puis le dernier rejeton de la famille Louis Fréchette». Nous voilà donc reportés près de cent ans en arrière, au temps où la bonne bourgeoisie libérale — de Mesdames Marchand-Dandurand, Béique, David, etc. — recevait somptueusement les visiteurs étrangers et régentaient les artistes du cru aussi bien que le Sénat ou le Club de Réforme.*

Ce n'est cependant pas le charme indiscret de l'Art-Or, des riches collections et des réunions politico-mondaines que met ici en scène Michel Tremblay. Il y a longtemps que les lustres sont éteints et le lustre terni. Le piano à queue est fermé, les rideaux tirés. La vie brillante, c'était autrefois, du temps de la Mère, impérieuse matrone. Ses quatre filles n'ont ni sa santé ni son courage. De la grande bourgeoisie entreprenante, conquérante, aux préjugés sans fissures, on est passé à une demi-bourgeoisie décadente, geignarde, impuissante.

La pièce aurait pu être un mélange de Courteline et de Montherlant. Ou encore du Ionesco: «Le thé est froid» et autres clichés rappellent les formules répétitives de la Cantatrice chauve. *Or,* l'Impromptu d'Outremont *est du Tremblay le plus typique, malgré le changement de décor et (en partie, ou apparemment) de langage.*

*D'abord la composition. Ce quatuor, subdivisé en duos puis en solos, est familier aux spectateurs d'*À toi pour toujours, ta Marie-Lou *(dont l'*Impromptu, *par définition, n'a ni la rigueur ni la profondeur). Les quatre sœurs s'opposent, symétriquement, comme* Damnée Manon, sacrée Sandra, *mais dans un tout autre climat, sur un registre plus bas, volontairement prosaïque, banal.*[1] *On est beaucoup plus grandiloquent que tragique, plus* romain *que* grec, *à Outremont. Peut-on structurer des papotages comme des cris? C'est ce qu'a fait, jusqu'à un certain point, Tremblay. À partir des clichés les plus éculés et des préjugés les plus épais, il a fait le vide. Il a neutralisé la réaction. La violence de l'*Impromptu d'Outremont *est proprement maladive, suicidaire. Le retour à l'enfance du dénouement marque la fin d'un monde. Après toutes ces cendres ressassées,* FEU! *Le dramaturge se débarrasse de ses personnages par la caricature et le ridicule avant de les passer fina-*

---

1. «...I have a theory that the elite here has unfortunately always spoken a written language, they've never had a spoken language, so it was very hard to write, it's a language which is totally *bland,* as you would say, without a personality. It's difficult to make the characters human, because of that language» (Michel Tremblay, «Where to Begin the accusation?», interview accordée à Renate Usmiani, dans le dossier que lui a consacré *Canadian Theatre Review,* 24, Fall 1979, p. 28). Voir aussi Jean-Cléo Godin, «Tremblay: marginaux en chœur», dans J.-C. Godin et L. Mailhot, *Théâtre québécois II; nouveaux auteurs, autres spectacles,* Montréal, Hurtubise HMH, 1980, p. 165-188.

lement à la mitraillette, dans un coup de théâtre final comparable aux Oranges sont vertes de Gauvreau.

LES QUATRE SOEURS EN REPRÉSENTATION

Avant d'être outremontaises (ultramontaines?), les quatre femmes-fillettes sont montréalaises. Elles vont à la Place des Arts dans des taxis conduits par des Haïtiens. Elles portent le nom d'un maire de la métropole au XIXe siècle, Honoré Beaugrand, journaliste et écrivain rouge. L'une des quatre sœurs, Fernande, pousse l'identification jusqu'à s'appeler depuis son mariage avec un architecte médiocre, Beaugrand-Drapeau. Elle a un fils, personnage quasi mythique[2], qui s'appelle très simplement Nelligan Beaugrand-Drapeau.[3] Mesdemoiselles Beaugrand et Madame Beaugrand-Drapeau — contrairement à leurs voisines ou cousines les Gérin-Lajoie, Beaugrand-Champagne, Panet-

2. «Nelligan, par exemple, qui veut voler de ses propres ailes alors qu'il a à peine un petit duvet sous le nez qui lui donne un air de jeune fille équivoque», dit amoureusement sa mère.
3. Fernande ne comprend pas que dans «Nelligan Beaugrand-Drapeau», ce n'est pas Beaugrand qui fait «drôle», mais l'allusion à un double «Vaisseau d'or». «Moi, je trouve que ça a l'air d'une station de métro», laisse tomber Lucille. Ailleurs, passant du nom propre au nom commun: «Voyons donc, Fernande... Recommence pas à faire claquer le drapeau de la paranoïa, aujourd'hui!»

Raymond, etc. — sont flanquées d'une Ferzetti, leur propre sœur, le mouton noir de la famille. Sans doute Feretti n'est pas un nom inconnu à Outremont, mais notre Ferzetti, qui n'a rien d'une pasionaria, pousse le mauvais goût jusqu'à habiter Saint-Léonard. Et son mari n'est pas un libraire de gauche, mais un jardinier promu entrepreneur...

Yvette Beaugrand, 44 ans, névrosée hypersensible, adore les mélodies de Fauré et surtout «l'horrible tranquillité de Purcell». Elle se rêve et s'écoute en Didon (à travers la voix de Tatiana Troyanos), non pour sortir d'elle-même, mais pour mourir en musique. «Mon ennui s'est renouvelé. Mon ennui est redevenu aussi neuf, aussi cuisant qu'au début... Je commence une deuxième carrière.» Ailleurs, au début de son monologue: «Il va rester de ma vie un fauteuil» — et c'est ce fauteuil qu'elle traîne à l'avant-scène pour se placer «de profil au public».

Avec Yvette, dans la maison paternelle (maternelle, plutôt), habite Lucille, 40 ans, lucide, sarcastique, apparemment plus active, mais seulement plus sportive, plus agressive que sa sœur. Yvette et Lucille forment une sorte de couple sado-masochiste. Yvette adore se jeter au bas des escaliers et avaler de l'eau de Javel. Lucille adore parler cru et faire «suer» sa sœur. Mal (c'est-à-dire mieux) embouchée, celle-ci finit malheureusement par devenir verbeuse et moralisante comme les autres: sur la tolérance, etc.

Lorraine Ferzetti, la seule à ne plus porter le nom des Beaugrand, parle tantôt le «langage d'Outremont», artificiel et plat, tantôt le «parler des trottoirs». Elle aime les gros gâteaux crémeux, mais aussi Stravinski, Bruckner, Bartók... Fernande Beaugrand-Drapeau, dont l'état naturel est d'être ou de se dire «outrée» — ce qui convient bien à Outremont et à son superlatif, Upper Outremont [4], *qu'elle habite — n'aime que les petits gâteaux très fins, très chers, mais elle est arrêtée musicalement à Tchaïkovski. Alcoolique et paranoïaque, avare, «profondément* cheap», *«maniérée, hypocrite, inhumaine, entremetteuse et calculatrice», elle imagine les hordes populaires entrer chez elle, sans sonner, «avec leurs faux et leurs marteaux». Aînée de la famille, réplique naïve et bête de la Mère, Fernande fait la honte de ses enfants comme elle a honte de son mari et de ses sœurs. Elle écrit des lettres «passionnées», «passionnantes», qu'elle n'envoie jamais. Elle rêve encore d'«étonner le monde», d'être un «phare» pour les jeunes écrivains égarés. Son discours est cependant trop convenu; on l'entend comme on attend «les Carnets de Jean Éthier-Blais» dans* le Devoir *du samedi. Sans surprise.*

«Non, c'est vrai. Le monde n'est pas aussi carré que je le pense», dit Lorraine. Pourtant,

---

4. «...Nous en avions, avant, des artistes dans Outremont, mais des vrais, des respectables...
Et maintenant Outremont n'est plus à nous. Enfin, il nous reste quand même Upper Outremont...»

elle et ses sœurs jouent aux quatre coins, occu-
pent un angle de ce «carré» qu'est leur salon
ou, pis, leur espace mental. En représentation
l'une devant l'autre, les quatre sœurs ont réduit
le monde à leurs interrelations, qu'elles soient
complices ou antagonistes.

Comédie *(distanciée) de mœurs et de ca-*
ractères, drame familial bourgeois et farce gro-
tesque par moments, l'Impromptu d'Outremont
est une improvisation très dirigée, concertée,
qui convie le lecteur-spectateur à une représen-
tation au second degré. Comme ses prédéces-
seurs Molière (L'Impromptu de Versailles) *et*
Jean Giraudoux (L'Impromptu de Paris), *Michel*
Tremblay attaque ici ses détracteurs et expose
indirectement ses conceptions esthétiques, dra-
maturgiques, culturelles.

L'Impromptu de Versailles, *suite de* la Critique de l'École des femmes, *permet à Molière,*
en 1663, de défendre ses positions personnelles
et professionnelles auprès du roi et de la cour. Il
ouvre au public les coulisses de son théâtre au
cours d'une répétition difficile. Il parodie ses ri-
vaux de l'Hôtel de Bourgogne et, au moyen
d'une prude et d'un pédant, de précieuses et de
petits marquis, il retourne la charge dirigée con-
tre lui par Bourgault. Cette «comédie des comé-
diens» est une critique à la fois générale et

15

précise, détaillée, des buts et des techniques du théâtre.

Si l'Impromptu de Versailles *fut une polémique efficace,* l'Impromptu de Paris *est une méditation doucement ironique et poétique. Les personnages sont la troupe de Jouvet (y compris le machiniste et l'électricien), la scène est celle de l'Athénée, un après-midi de répétition en 1937.* «*Le mal fait au théâtre l'est par une élite cultivée, sensible, honnête. Comme la plupart du mal fait à la France, d'ailleurs*», *murmure Jouvet — Giraudoux, inséparable couple;* «*...le théâtre n'est pas un théorème, mais un spectacle, pas une leçon, mais un filtre*». *Ajoutons cette observation du comédien Renoir:* «*Il n'y a pas de vrai public, il y a le public, et c'est tout.*[5]»

On voit le rapport, en même temps que la distance, entre les célèbres impromptus français, situés au théâtre même, limités à sa pratique et à sa critique, et le nouvel impromptu québécois, où les problèmes du théâtre sont abordés par le biais d'une attitude mondaine, d'une psychologie et d'une idéologie localisées, datées.

Ce que Tremblay nous invite à voir dans ses personnages-repoussoirs, ce n'est pas seulement une conception élitiste et désuète de la Culture, c'est une attitude profondément anti-

---

5. Jean Giraudoux, *L'Impromptu de Paris,* pièce en un acte, Paris, Grasset, 1973, p. 63, 84, 115.

culturelle, anti-créatrice. À un certain degré de paresse et de suffisance, le conservatisme ne conserve même plus. «Il serait temps que le Théâtre quitte la cuisine pour revenir au salon!» *récite Lorraine, imitant Fernande. Mais y a-t-il encore des salons? Celui des Beaugrand est obscur, fermé. À peine un petit musée de province.*

Autrefois, du temps de la Mère, qui lisait Julien Green et se prenait pour Mademoiselle de Scudéry, le salon des Beaugrand résonnait de notes de musique, de récitations, de conversations. Chacune des filles de la maison avait sa spécialité: piano, chant, danse, littérature. «Maman se pâmait jusque sur les listes d'épicerie qu'elle demandait à Fernande de rédiger à sa place!» «C'était une précieuse ridicule qui tuait ses enfants sans même s'en rendre compte!» *dit Lucille de sa mère. Elle les maintenait en enfance, hors de l'art comme hors de la vie et du monde.* «Surtout, ne vas jamais répéter nulle part que tu as du talent! Ton talent est à nous et tu n'as pas le droit de te prostituer devant personne d'autre que nous!» *répétait-elle à Lorraine*[6] *qui s'est alors* «sauvée avec le jardinier», *dégoûtée de la musique et d'elle-même.*

---

6. Son long monologue, avec ses hauts et ses bas — «J'ai toujours haï le piano! *(Court silence.)* C'est pas vrai.» — évoque celui de la *Diva* de Jean-Claude Germain. «Mais quand j'ai voulu être une vraie Maria Callas, pas une doublure de manteau, maman m'a regardée comme si elle tombait des nues», se rappelle de son côté Yvette.

«*Dans notre monde, ma fille, nous n'avons pas besoin de devenir des artistes, nous sommes des artistes! Mais entre nous!*» enseignait encore Madame Beaugrand (née Tremblay). On se donnait donc en spectacle, en petit comité, autant dire à soi-même, pour agrémenter les soirées. On consommait l'art du bout des lèvres, comme les petits fours. Lucille n'a jamais voulu danser en public: «*Je me voyais évoluer dans la grande glace de mon cours de ballet, c'était assez...*» Privées de critiques, de véritables spectateurs et d'espace artistique ou théâtral, les enfants Beaugrand vieillissent sans mûrir et finissent par ne plus savoir (ou vouloir) jouer. Malgré la mauvaise «*littérature*» qu'elle fait à son sujet, Fernande, je crois, aimait réellement le théâtre. Elle en est hélas! sortie sans y être vraiment entrée. Elle dramatise la vie, s'accroche aux décors, joue (mal) par désœuvrement et refoulement.

Les quatre sœurs de l'Impromptu sont en représentation constante. «*La figuration ne m'intéresse pas, fût-elle intelligente*», avoue Lucille. Ce qu'elles recherchent, toutes, c'est le centre du plateau, le spot, les bravos, les présences. Au cours de ce banal après-midi, elles utilisent tour à tour un vocabulaire théâtral («*entracte*», «*public*») et militaire («*armes*», «*trève du gâteau*»...). Elles étaient allées voir les Belles-Sœurs, en 1968, et se consolent en constatant qu'après dix ou douze ans, «*la seule femme de l'Est qui a le droit d'entrer chez vous* c'est encore la femme de ménage! Ça va pas si vite que ça!» Yvette s'adresse ici à Fernande, et il faudrait faire des nuances de l'une à l'autre. Mais, au fond, aucune n'est vraiment spectatrice, attentive, critique, encore moins créatrice.

Lorraine, Lucille, Fernande et Yvette ont été privées d'art et de culture par leur propre milieu et, comme elles le croient, par les hippies, groupies, «barbus bruyants» et «fausses gypsies». Leurs évolutions salonnardes n'ont jamais été (et à peine) que récréatives. Lucille le sait mais n'en tire aucune conséquence pratique. Yvette se cache, se déguise, stérilement narcissiste. Lorraine elle-même, la plus saine, la plus simple, en met trop et gâche son naturel. Artistes ratées, comme la Duchesse de Langeais, les filles Beaugrand ont fini par perdre toute identité. La «classe» à laquelle elles se réfèrent encore n'est qu'un moyen pour elles de survivre. Ce n'est pas de la cruauté que de donner le coup de grâce à ces mortes en sursis.

Laurent Mailhot

Michel TREMBLAY est né le 25 juin 1942 à Montréal dans un quartier populaire. Après sa 11ᵉ année il s'inscrit aux Arts graphiques et de 1963 à 1966 il exerce le métier de typographe à l'Imprimerie judiciaire. Sa première pièce. *Le Train*, qu'il a écrite à dix-sept ans, remporte en 1964 le premier prix du Concours des Jeunes auteurs de Radio-Canada.

Depuis le succès des *Belles-Sœurs* en 1968, Michel Tremblay se consacre entièrement à l'écrit dramatique. Il a reçu en 1974 le Prix Victor-Morin décerné par la Société Saint-Jean-Baptiste de Montréal. En 1976, il s'est vu attribuer la Médaille du Lieutenant-gouverneur de la province de l'Ontario. Plusieurs fois titulaire d'une bourse du Conseil des Arts, il continue à produire des œuvres dramatiques.

L'IMPROMPTU
D'OUTREMONT

*À André Brassard sans l'aide de qui
je n'aurais jamais terminé cette pièce.*

*À Monique, à Rita, à Denise, à Ève,
elles savent pourquoi.*

PERSONNAGES

Fernande BEAUGRAND-DRAPEAU

Lorraine FERZETTI

Yvette BEAUGRAND

Lucille BEAUGRAND

CRÉATION ET DISTRIBUTION

L'Impromptu d'Outremont a été créée le 11 avril 1980, à Montréal, par la troupe du Théâtre du Nouveau Monde, dans une mise en scène d'André Brassard, assisté de Gilbert Fournier.

Décor et costumes: François Laplante

Éclairages: François Bédard

Les rôles des quatre sœurs étaient tenus par:

Monique Mercure . . FERNANDE BEAUGRAND-DRAPEAU

Ève Gagnier . . . . LORRAINE FERZETTI

Rita Lafontaine . . . . LUCILLE BEAUGRAND

Denise Morelle . . . . YVETTE BEAUGRAND

ACTE I

*Le salon d'une maison bourgeoise, à Outre-
mont. Yvette et Lucille écoutent un disque.
Lucille tricote. Yvette, les yeux fermés, écoute
religieusement, peut-être pour la six ou septiè-
me fois, la «Mort de Didon» du* Dido and
Aeneas *de Purcell. Le disque achève. On
entend l'air «Remember Me», chanté par
Tatiana Troyanos, disque Erato STU 71-91.
Chaque fois que Didon chante les paroles
«Remember Me», Yvette appuie sa tête sur le
dossier de son fauteuil et chante en même
temps qu'elle. Et, chaque fois, Lucille lève les
yeux au ciel. Aux derniers accords de l'orchestre, Lucille dépose son tricot, se lève et va
appuyer sur le bouton de la table tournante.
La musique s'arrête brusquement. Yvette
sursaute.*

YVETTE — Ce n'est pas fini!

LUCILLE — Je le sais.

YVETTE — Il reste encore un chœur!

LUCILLE, *en revenant s'asseoir* — Je le sais qu'il
  reste encore un chœur, ça fait dix fois qu'on
  l'écoute, aujourd'hui! Mais je l'arrête avant
  que ce soit fini sinon, si je la laisse mourir

27

jusqu'au bout, tu vas encore vouloir l'écouter! Didon va recommencer à s'ennuyer, Énée va s'amener en roucoulant et en faisant des ronds de jambe, Didon va retomber en pâmoison, Énée va repartir, Didon va rechanter «Remember Me», puis moi je vais grimper aux rideaux ou bien arracher le papier-tenture avec mes ongles!

YVETTE — Y a pas de papier-tenture dans le salon!

LUCILLE — Non, mais y en a dans ta chambre! Aimerais-tu ça te coucher, ce soir, dans une chambre dévastée par ta sœur que tu as rendue folle?

YVETTE — Bien sûr que non...

LUCILLE — Eh bien, remets Tatiana Troyanos dans sa pochette et passons à autre chose...

YVETTE, *sarcastique* — Quelque chose de québécois, peut-être...

Lucille regarde Yvette, puis hausse les épaules.

LUCILLE — Tu peux mettre tes chansons de Fauré, si tu veux, puis même ton disque d'Erna Sack qui miaule comme une chatte en chaleur au milieu des bruits d'électricité statique, des rayures puis de trois générations de traces de doigts gras! N'importe quoi, plutôt que «Remember Me»!

YVETTE — Tu n'as aucune espèce de sensibilité...

LUCILLE — Se gratter le bobo en écoutant la mort de Didon douze fois par jour, j'appelle pas ça de la sensibilité...

YVETTE — Non, tu appelles ça de la sensiblerie, je le sais, tu me l'as déjà dit cent fois.

LUCILLE — Ça sert donc à rien de revenir là-dessus...

YVETTE — De toute façon, qu'est-ce que c'est que cette histoire de grattage de bobo? Comme si j'avais un bobo à gratter!

Elles se regardent longuement. Lucille se remet à son tricot.

LUCILLE — Viens pas me dire que tu écoutes «Remember Me» par hasard depuis tant d'années! Ç'a a d'abord été par Kirsteen Flagstad, ensuite par Janet Baker, puis là c'est le tour de Tatiana Troyanos... Les générations de chanteuses passent, mais «Remember Me» reste! *(Silence.)* Pourquoi ça? Pourquoi pas autre chose? Quelque chose de gai, d'enlevant... Une fin heureuse au lieu d'une mort idiote...

Yvette prend sa tasse de thé qui refroidit sur un guéridon.

YVETTE — Le thé est froid.

Lucille rit.

YVETTE — Bon, qu'est-ce que j'ai encore dit!

LUCILLE — «Le thé est froid», c'est assez... Ça me rappelle maman... Quand arrivait le temps des explications ou le moment de dire enfin des choses importantes, elle sortait toujours une de ces perles dont tu as hérité : « Le thé est froid ! » ou bien « Mon Dieu l'horloge avance encore ! » ou bien « Suis-je bête, je suis en retard ! » Tout, pour éviter une discussion ! Notre mère était le parangon des paroles creuses ! *(Elle rit.)* Tu te souviens, après que papa soit mort dans ses bras en la maudissant, en l'abreuvant d'injures et en lui crachant presque à la figure, elle s'est tournée vers nous et nous a dit : « Ce qui est terrible, avec le cancer, c'est que, vers la fin, on est obligé d'enlever son dentier ! »

YVETTE — Oui, et toi le fou rire t'a prise et tu as passé pour la sans-cœur que tu étais !

LUCILLE — C'est ça, bien oui, une sans-cœur... *(Silence.)* Si on me laissait le choix entre le cœur puis l'humour...

YVETTE — Une autre parole creuse...

LUCILLE — C'est ça, un à un pour tout le monde !

Yvette se met à feuilleter nerveusement un numéro de la revue Vie des Arts.

YVETTE — Il faut toujours que tu aies le dernier mot, hein ?

LUCILLE — Oui... toujours.

YVETTE — C'est si important que ça ?

LUCILLE — Bien sûr. Il ne faut jamais laisser l'avantage à l'adversaire, ma chère sœur. Il faut toujours ajouter quelque chose à ce que disent les autres. N'importe quoi, mais quelque chose.

YVETTE, *la regardant* — Deux à un pour toi !

LUCILLE — Ce que je viens de dire n'est pas creux du tout, Yvette, c'est une leçon de notre bien-aimée maman ! Puis de toute manière, ça servirait à rien de faire le décompte, aujourd'hui, chus t'en forme, j'gagnerais.

YVETTE — « Chus t'en forme » ! Si Fernande t'entendait !

LUCILLE — Si Fernande m'entendait, elle me reprendrait et je m'excuserais après lui avoir dit un beau « Pardon, je suis-z-en forme » avec la liaison au bon endroit... J'prendrais un air contrit, je lui montrerais un visage défait par la honte... puis je l'enverrais chier intérieurement !

YVETTE — Lucille !

LUCILLE — C'est un mot qui est dans le dictionnaire, Yvette, puis j'ai pas fait de faute en le prononçant ! *(Silence.)* Tu te souviens, une fois... Ah ! j'avais six ans, j'pense... on était allées vérifier ce mot-là dans le dictionnaire... nos deux sœurs étaient là, d'ailleurs... Toi, tu prétendais qu'il ne pouvait pas être dans le dictionnaire et Fernande, elle, disait que oui, il y était, mais « dans des pages pour adultes » !

YVETTE — Je ne m'en souviens certainement pas !

LUCILLE — Tu as raison. *(Court silence.)* C'est *cul* qu'on était allé vérifier.

YVETTE — Franchement !

LUCILLE — Fais donc pas l'hypocrite ! Tu t'en souviens très bien ! C'était un de ces après-midis pluvieux où maman jouait au bridge avec l'arrière-petite-nièce de Sir Wilfrid Laurier, l'arrière-petite-fille d'Henri Bourassa, puis le dernier rejeton de la famille de Louis Fréchette, elle qui n'avait personne de célèbre dans son obscure famille et qui disait toujours : « Dans mon arbre généalogique, ce n'est pas dans le passé que se trouvent les célébrités, c'est dans l'avenir ! Je préfère les jeunes pousses aux vieilles branches ! » Notre mère était une Tremblay qui en avait tellement honte qu'elle faisait semblant de s'étouffer bleu chaque fois qu'on lui demandait d'où elle venait... Enfin... Tu te souviens de cette journée pluvieuse où les mots *clitoris, cul, chier, caca* avaient fait notre joie, nous les quatre sœurs Beaugrand en robes d'organdi et en souliers de cuir verni ? Quand on avait laissé le dictionnaire, toutes les pages de la lettre « c » étaient froissées tellement on avait ri ! Je me souviens même que je vous avais demandé si le mot *quéquette* commençait par « c » et que Fernande m'avait répondu que si ç'avait commencé par « c », aurait fallu prononcer *céquette* et que ça n'aurait rien voulu dire !

YVETTE — Puis toi tu avais dit : « J'sais pas si papa a une belle céquette ! » À six ans !

LUCILLE — Tu vois, tu t'en souviens !

Yvette sourit un peu. Rougit beaucoup.

YVETTE — Comment ça se fait que tu connaissais ce mot-là à six ans !

LUCILLE — Lorraine l'avait toujours à la bouche parce que maman le lui avait défendu!

YVETTE — Et tu savais ce que ça voulait dire?

LUCILLE — Non, mais je savais que c'était une chose que seuls les hommes ont... J'pensais même que c'était une moustache!

YVETTE, *amusée* — C'est vrai?

LUCILLE — Bien non, Yvette, j'savais très bien à quoi m'en tenir! Maman était assez intelligente pour nous parler des différences entre les petits garçons et les petites filles mais le mot *pénis* lui aurait donné des haut-le-cœur alors elle employait celui-là...

Court silence.

YVETTE — Tu t'amusais déjà à nous choquer!

LUCILLE — Si je vous choque encore c'est bien parce que vous aimez ça! Y a pas plus inoffensif que moi!

Court silence.

YVETTE — Pauvre maman... Elle aurait sûrement été plus heureuse si elle avait pu s'appuyer sur la bonne vieille branche d'arbre généalogique qu'elle prétendait tant mépriser parce que, franchement, les jeunes pousses ont pas donné grand-chose...

LUCILLE — Voyons donc! Il ne faut jamais désespérer! Sait-on jamais, peut-être qu'un grand homme se dissimule encore parmi les monstres dont a enfanté notre sœur Fernande!

À moins que le bégaiement congénital du dernier produit des flancs de la traîtresse Lorraine soit un signe de génie... Mais si vraiment un génie se cache dans notre famille il est très très très adroit... Je suis certaine que maman aurait choisi de penser qu'une de ses filles a donné naissance à un génie de la dissimulation plutôt que de s'avouer vaincue !

YVETTE — De toute manière, même cette génération-là commence à pousser un peu trop vite à mon goût... Tu sais que Nelligan, le fils cadet de Fernande, a presque vingt ans ! Quelle horreur !

LUCILLE — Arrête ! Tu me donnes le vertige ! On ne parle pas de corde dans la maison d'une pendue !

YVETTE — Mon Dieu ! C'est vrai ! Je ne t'ai même pas encore souhaité joyeux anniversaire !

LUCILLE — Non, je sais, tu attendais de le placer dans la conversation comme une vacherie ! Je te voyais venir !

Yvette se lève et va embrasser sa sœur.

YVETTE — Joyeux anniversaire, mon petit poussin ! Quarante ans, ça fait mal, mais t'en fais pas, c'est juste le commencement de tes malheurs !

LUCILLE, *en riant* — Tu vois comme t'arrives jamais à être vraiment méchante, hein ? Le nombre de fois que tu aurais pu me crier ça par la tête depuis le matin ! Quand j't'ai dit, par exemple, que tu avais l'air d'une bonne

sœur défroquée dans cette robe-là, au déjeu-
ner, t'aurais eu juste à me crier « Bonne fête »
pour marquer un point !

YVETTE — J'évite de tomber dans la facilité !

*Elles s'embrassent à nouveau, très tendre-
ment.* ʳ

YVETTE — Si on faisait la paix pour aujourd'hui...
C'est jour de fête...

LUCILLE — Capituler à quarante ans ! Jamais !
Fût-ce pour un seul jour ! Va te recacher derrière ton *Vie des Arts* que je te fasse rougir
jusqu'à ce que Fernande arrive avec son gâteau de fête minuscule comme le poing d'un
bébé, puis que Lorraine s'amène à son tour
avec son gâteau de fête gros comme la
maison !

Yvette rougit, mal à l'aise.

LUCILLE — Oui, Yvette, je sais que le petit thé
que tu as organisé pour cet après-midi est un
goûter d'anniversaire... Chus pas une totale
imbécile... du moins pas encore... Les quatre
célèbres sœurs Beaugrand vont encore se réunir pour s'entre-tuer selon la tradition...

YVETTE — On n'est pas obligé de s'entre-tuer,
tu sais ! C'est toujours toi et Fernande qui
commencez... vous aimez tellement ça, vous
engueuler...

LUCILLE — Toi aussi tu aimes ça, comme tout
le monde ! Un petit impromptu sans incident

t'ennuierait profondément, avoue-le donc!
Tandis qu'une belle grosse chicane avec des
morceaux de gâteau qui volent dans le salon,
quelques pleurs et beaucoup de grincements
de dents te ravit! Ça, c'est digne de nous!
Tu te rappelles comme c'était drôle, l'année
dernière? On avait failli en venir aux coups!

YVETTE — J'étais assez embarrassée... Le jour
de mon anniversaire...

LUCILLE — Quel beau souvenir... Le gâteau de
Lorraine était tellement laid et celui de Fernande tellement chic qu'ils avaient l'air de
provenir de deux planètes différentes!

YVETTE, *qui ne peut s'empêcher de sourire* —
Oui... Fernande, c'est «Le duc de Lorraine»,
puis Lorraine, c'est «Pegroid's»!

Lucille éclate de rire, puis s'arrête.

LUCILLE — C'est moi qui aurais dû la trouver,
celle-là!

YVETTE — Je te la donne... pour ton anniversaire!

LUCILLE — Je vais pouvoir m'en servir comme
je veux?

YVETTE — Oui... mais pas devant nos sœurs, par
exemple!

LUCILLE — You bet... Je te dis qu'elles vont le
savoir... «Pegroid's» puis «Le duc de Lorraine»! C'est tellement ça!

Court silence.

YVETTE — Je t'ai acheté un vrai cadeau, tu sais, mais je ne te le donnerai pas avant le thé. Devant tout le monde. Tout de suite après le gâteau...

LUCILLE — J'espère quand même que tu m'obligeras pas à *finir* le gâteau avant de me donner ton cadeau...

YVETTE — Arrête donc...

LUCILLE — Je me vois, là, en train de terminer la montagne de glaçage vert pomme et rose, sertie de perles d'argent qui se coincent entre les dents...

YVETTE — Ouache... Lucille...

LUCILLE — Sans compter les roses en sucre durci qui goûtent la poussière parce qu'elles ont passé trois mois dans la vitrine...

YVETTE — Lucille, bon!

LUCILLE — Et que dire du gâteau lui-même, en véritable carton mouillé!

Yvette s'évente avec son Vie des Arts.

LUCILLE — Tout ça pendant que le cream puff main de Fernande attend en vain son tour, au milieu de la table... As-tu déjà remarqué, Yvette, que même si on rit des gâteaux de Lorraine c'est toujours sur eux qu'on se jette en premier?

YVETTE — C'est pour lui faire plaisir...

LUCILLE — Erreur! C'est pour *nous* faire plaisir! Pour mieux en rire, après! Ça nous donne un sujet de conversation quand on se retrouve toutes les deux toutes seules...

YVETTE — C'est ça, dis-moi que tu me trouves ennuyante !

LUCILLE — Ennuyeuse, Yvette, ennuyeuse... Si Fernande t'entendait ! (*Affectueusement.*) Oui, Yvette, j'te trouve ennuyante ! Toi puis « Remember Me » j'te dis que vous faites un beau couple !

YVETTE — Toi, par contre t'es pas du tout... ennuyante !

LUCILLE — Certainement pas ! Si c'était pas de moi, l'ennui hanterait cette maison à l'année longue ! C'est même lui qui choisirait les disques ! Les mêmes !

YVETTE — Continue comme ça, puis tu l'auras pas, ton cadeau !

LUCILLE — Yvette ! Franchement ! Du chantage, à ton âge ! On n'est plus des enfants ! De toute façon, j'sais c'que c'est, ton cadeau !

YVETTE — Comment ça, tu sais c'que c'est !

LUCILLE — Yvette, tu caches toujours tes cadeaux au même endroit ! Ça fait au moins dix ans que j'ai découvert ta cachette puis que je sais toujours au moins un mois à l'avance ce que tu m'as acheté pour mon anniversaire ou pour le jour de l'An !

YVETTE — Et tu me l'as jamais dit !

LUCILLE — Que veux-tu, chus curieuse... Pardon, je suis curieuse... Puis j'aime mieux le savoir à l'avance... pour cacher ma déception et me préparer un visage ravi et comblé !

Yvette se lève, au bord des larmes.

38

LUCILLE — Yvette, voyons donc, tu sais bien que j'te dis ça pour te taquiner... Si t'emploies encore le chantage à quarante-quatre ans, laisse-moi au moins le droit d'user de la taquinerie à quarante! Seigneur...

Elle se lève, se dirige vers sa sœur.

LUCILLE — Yvette, t'es une fille absolument passionnante puis il ne m'est jamais passé par l'esprit que tu pouvais être platte... Es-tu contente, là?

YVETTE — Tu ris encore de moi!

LUCILLE — Tu le sais que j'te fais marcher depuis toujours, puis tu marches encore! C'est rendu presque trop facile, j'vais finir par avoir envie de changer de partenaire!

YVETTE — Je le sais que tu me taquines mais des fois tu vas tellement loin...

LUCILLE — Moi aussi j'essaie d'éviter de tomber dans la facilité...

YVETTE — Bien, laisse-moi te dire que tu viens de réussir!

LUCILLE, *souriante* — Merci! Assis-toi, là, mouche-toi, nos sœurs vont encore penser que j'te martyrise!

YVETTE — Elles vont avoir presque raison!

LUCILLE — C'est ça... presque. Hélas!

Yvette s'est rassise.

Lucille lui pose le **Vie des Arts** *sur les genoux.*

LUCILLE — J'le sais pas où tu caches tes cadeaux et que c'est un Cuisinart que tu m'as acheté pour mon anniversaire! Puis je l'ai pas essayé, l'autre jour, quand t'es allée t'acheter des gants chez Ogilvy's...

Yvette a sursauté mais elle ne répond pas.

LUCILLE — J'vais aller réchauffer ton thé...

Elle se dirige vers la porte avec la théière et la tasse de sa sœur.

LUCILLE — Ce soir-là, Yvette, t'as mangé une soupe, une sauce et une tarte faites au Cuisinart. C'est un excellent instrument. Merci beaucoup.

Elle sort.

Yvette sourit.

YVETTE — C'est vrai que tu devrais te chercher une autre partenaire, Lucille... Je ne suis pas de taille... Vraiment pas.

Elle se lève, se dirige vers le tourne-disque et remet «Remember Me», mais en sourdine, cette fois.

YVETTE — Quand j'vais mourir et que mon nom va apparaître dans la colonne nécrologique de *La Presse*, ça sera seulement la deuxième fois qu'il aura été imprimé dans un journal. La première fois, c'était à mon baptême. Et je ne l'aurai pas vu, ni la première fois, ni la deuxième... Ma vie aura été comme un pointillé entre deux taches d'encre... Yvette Beaugrand, née le 27 février 1935, morte à telle date... Entre les deux, rien. Rien. Pas de traces... Si peu. Des vêtements. Des disques. Des livres. De l'argent. Hérité de mon père et engrossé par mon banquier. Un fauteuil. Il va rester de ma vie un fauteuil. Avec mes odeurs. C'est tout. *(Elle chante.)* Remember me... Mes trois sœurs. Mes trois sœurs vont se rappeler de moi, un temps. Surtout Lucille qui va avoir perdu son souffre-douleur favori. Puis après... *(Silence.)* Y a rien de pire au monde que de savoir qu'on laissera pas de traces après sa mort! Que personne dans l'avenir ne saura qu'on a existé! Qu'on va avoir vécu pour rien! À quoi ça sert de se tenir à la droite de Dieu si on n'est pas au premier rang, parmi ceux qui ont chanté le plus fort? *(Elle chante.)* Remember me... Maman disait toujours, « Je veux que mes filles laissent leur marque!» Et elle nous a gavées toutes les quatre de leçons de chant, de piano, de flûte à bec, de danse, d'art dramatique... Elle nous a fait découvrir, puis aimer tout ça... Elle nous a fait vivre de tout ça! Elle nous a même toutes convaincues que nous avions du talent! Le piano pour Lorraine, l'écriture et l'art dramatique pour Fernande, surtout l'écriture... Maman se pâmait jusque sur les listes d'épicerie qu'elle demandait à Fernande de rédiger à sa place ! La danse pour Lucille... et pour moi...

Elle se lève, s'empare de son fauteuil, le traîne à l'avant-scène, l'installe de profil au public et s'y assoit.

YVETTE *chante* — Remember me... J'ai chanté à partir de l'âge de dix ans sous les airs pâmés de maman et de ses amies d'Outremont et de Westmount. J'ai commencé à étudier chez madame Audet puis j'ai continué chez mademoiselle Liénard qui n'était pas dupe, elle, et qui grinçait un peu des dents quand j'essayais d'en mettre trop... À mes récitals de fin d'année, ma famille au complet plus les mêmes amies de maman se levaient d'un bloc pour m'applaudir ! Les seuls triomphes de ma vie ! Quelle farce ! Et j'y croyais ! Et je rêvais d'en faire une carrière ! Une carrière dans le chant ! Avec la mère que j'avais ! *(Silence.)* À quinze ans je connaissais tous les disques d'opéra de papa par cœur... Je chantais pardessus la voix de Maria Callas en faisant en même temps qu'elle les mêmes, exactement les mêmes vocalises qu'elle ! J'ai peut-être interprété l'air de la folie de *Lucia di Lammermoor* mille fois, enfermée dans le bureau de papa, en mettant le son le moins fort possible pour « vérifier » la qualité de ma voix ! Seigneur ! C'est tellement pitoyable ! Dans ma tête j'étais la doublure de Maria Callas ! La doublure en satin rouge de son manteau et de sa traîne de *Tosca*! «E avanti a lui tremava tutta Roma!» *(Silence.)* Mais quand j'ai voulu être une vraie Maria Callas, pas une doublure de manteau, maman m'a regardée comme si elle tombait des nues. «Dans notre monde, ma fille, nous n'avons pas besoin de *devenir* des artistes, nous *sommes* des artistes! Mais entre nous! Je veux que mes filles laissent leur marque, mais à l'intérieur de leur milieu!» Finis les rêves des sœurs Beaugrand! Fernande était automatiquement condamnée à écrire des lettres fines à ses amies et de touchantes adresses aux anniversaires de mariage! Lorraine a refermé doucement son piano sans rien dire. Lucille a échangé ses tutus contre un tricot. Mais moi j'ai quand même pas tout à fait abandonné! Je me suis lancée dans les chansons de Fauré, de Duparc, de Debussy et je suis devenue une chanteuse de salon. Celle qui ennuie tout le monde à chaque réception et à chaque anniversaire parce qu'elle refait éternellement les mêmes chansons qu'on finit par haïr parce qu'on les a trop entendues: «Les adieux d'une hôtesse arabe», de Bizet; «Les chemins de l'amour», de Poulenc, «Sur les lagunes», de Berlioz... Je suis devenue celle qu'on n'écoute plus et devant laquelle on ne se gêne plus pour parler pendant qu'elle chante. Une musique de fond pour salon chic. Musak avant le temps. J'ai été la «musak» d'Outremont pendant près de dix ans! Sans me plaindre. Et sans jamais demander à ma-

43

man pourquoi je n'avais pas le droit de devenir chanteuse. On ne discutait jamais les décisions de maman. Jamais. Et quand j'ai arrêté de faire la folle derrière les pianos blancs à bordure dorée ou les grands pianos à queue recouverts de portraits de famille dans des cadres d'or, ou d'une collection de coquillages ou de hiboux en porcelaine, personne ne s'en est rendu compte. Personne n'est jamais venu me dire: «Vous ne chantez plus, mademoiselle Beaugrand? Vous nous manquez!» Non, ils avaient bien trop peur que je m'y remette!*(Silence.)* Aujourd'hui, quand Lucille va faire ses courses, quand c'est son tour, je pousse tous les fauteuils autour du salon, toutes les tables à café le long du mur... Je cours dans ma chambre, j'arrache le couvre-lit et je sors de la penderie de vieilles robes de chambre que j'ai gardées... Puis je viens m'installer bien droite devant le stéréo... Et je meurs d'amour au son de vieux disques Angel, ou London, ou Deutsche Gramophon... Comme un enfant qui rêve. Comme une adolescente qui se projette dans un avenir improbable. Je meurs d'amour en *Butterfly*, avec la voix de Victoria de Los Angeles; je meurs asphyxiée dans les bras de Radhamès, avec la voix de Renata Tebaldi; je meurs assassinée par mon amant délaissé, don José, avec la voix de Rise Stevens; je meurs écrasée par quatre boucliers de soldats d'Hérode après avoir chanté un des monologues les plus fous de toute l'histoire de la musique vocale, avec la voix d'Inge Borkh; je meurs d'exaltation aux pieds de mon amant défendu, Tristan, avec la voix de Birgit Nillson; je me jette en bas du Castel San Angelo en hurlant: « Je te reverrai devant Dieu, Scarpia!», avec la voix, les tripes, le corps, le génie de Maria Callas! Mais ma plus grande mort, ma mort la plus réussie, c'est l'ennui, le total ennui de Didon quand Énée part à la recherche de l'Italie promise! Ma plus grande interprétation est celle de l'ennui mis en musique non pas par le cerveau trop romantique de Berlioz mais par la sagesse morne, l'horrible tranquillité de Purcell. *(Elle chante.)* Remember me... J'ai usé deux disques de cette mort-là, c'est vrai... J'ai usé la voix de Kirsteen Flagstad et celle de Janet Baker jusqu'à la corde, jusqu'à ce qu'on n'entende plus que les rayures sur les disques et la crasse au fond des sillons. Et puis il y a un an... j'ai découvert Tatiana Troyanos. Une aussi grande Didon que les deux autres. Et plus jeune. *(Silence.)* C'est la première fois depuis dix ans que je meurs sur un enregistrement récent. Mon ennui s'est renouvelé. Mon ennui est redevenu aussi neuf, aussi cuisant qu'au début. *(Silence.)* Je commence une deuxième carrière. *(Elle chante.)* Remember Me... Yvette Beaugrand! Qui?

Elle se lève et, doucement, tire le fauteuil à sa place. Au même moment Lucille revient avec la théière et des tasses.

LUCILLE — Tu déménages encore les meubles?

YVETTE — Je remets mon fauteuil bien à sa place...

LUCILLE — Quelqu'un l'avait déplacé?

YVETTE, *lui faisant face* — Moi, je l'avais déplacé!

Lucille dépose la théière sur le guéridon et tend une tasse à sa sœur. Qui la prend.

LUCILLE — Ça te prend même quand chuis là, maintenant?

La sonnette se fait entendre.

LUCILLE — Tiens, la première de nos sœurs... C'est laquelle, tu penses, la super-chic ou la quétaine?

Yvette, troublée par ce que vient de lui dire Lucille, ne répond pas. Fernande entre dans le salon en trombe. Elle porte au bout d'une main gantée une minuscule boîte de pâtisserie.

FERNANDE — Je suis outrée!

LUCILLE, *levant les yeux au ciel* — Le contraire m'aurait étonnée... C'est ton état naturel... Bonjour, Fernande...

Elles s'embrassent rapidement.

FERNANDE — Bonjour, ma belle Lulu...

Elle se dirige vers Yvette qui n'a toujours pas bougé.

FERNANDE — On ne me dit plus bonjour!

YVETTE — «Je suis outrée» n'est pas une formule de salutation, que je sache!

FERNANDE — Mon Dieu, excuse-moi... Votre majesté se porte-t-elle bien?

Elle embrasse Yvette.

FERNANDE — Puisque vous me demandez pourquoi je suis outrée, je vais vous le dire... Imaginez-vous donc que j'ai été obligée de prendre un taxi pour venir jusqu'ici, ma voiture est au garage en train de se faire opérer pour un quelconque cancer du moteur... *(Elle rit un peu de son «bon mot».)* Et savez-vous combien ça m'a coûté?

LUCILLE — N'importe quoi en haut de un dollar te fait pousser les hauts cris, alors...

FERNANDE — Deux dollars vingt-cinq! Deux dollars vingt-cinq pour partir de chez moi et venir jusqu'ici! Ce n'est quand même pas la traversée de l'Atlantique, Upper Outremont est à côté! Deux dollars vingt-cinq pour traverser le boulevard Mont-Royal et la Côte Sainte-Catherine, franchement!

LUCILLE, *ironique* — Et encore, tu descendais! Nous autres, quand on va chez toi, avec toutes ces côtes à monter, ça nous coûte au moins deux dollars et quarante!

YVETTE, *même ton* — Quand c'est pas deux et cinquante !

FERNANDE — Laissez-moi vous dire que je n'ai pas laissé de pourboire au chauffeur !

LUCILLE — C'est pas dix cents qui vont changer sa vie !

FERNANDE — Tu ris, mais ça compte, dix cents, pour ces gens-là, tu sais...

LUCILLE — Ça compte pour toi, j'vois pas pourquoi ça compterait pas pour eux !

FERNANDE — Et en plus, c'était un Haïtien !

YVETTE — Bon, ça y est, v'là autre chose !

FERNANDE — Écoutez, vous me connaissez, je ne suis absolument pas raciste, bien au contraire, je suis pour l'égalité des races et des couleurs, mais il y a quand même des limites à tout ! Chaque fois que je me vois dans l'obligation de prendre un taxi... je l'évite le plus possible mais c'est quand même parfois nécessaire... chaque fois, je tombe sur un Haïtien ! Leur a-t-on donné l'industrie du taxi en prime lorsqu'ils ont débarqué ici, ou quoi ? On croirait qu'ils en ont le monopole ! En plus, on a toujours l'impression qu'ils sont arrivés il y a trois jours... ils ne connaissent pas la ville... et ils n'ont jamais de monnaie, ça, c'est le pire...

YVETTE — Fernande, change de disque, veux-tu, t'es choquante !

FERNANDE — Bon, je n'ai pas encore le droit de dire ce que je pense, ici, à ce que je vois !

LUCILLE — Si on t'empêche de parler, des fois, Fernande, c'est pour t'éviter de faire une folle de toi!

FERNANDE — Bon, qu'est-ce que j'ai encore dit! Qu'est-ce que j'ai encore fait! Sous prétexte que ces gens-là ont la peau foncée, on n'a pas le droit de leur dire qu'ils ne savent pas travailler? C'est ça?

LUCILLE — Fernande, ça va faire...

FERNANDE — Vous voulez que je m'en aille? Je peux m'en aller, si vous voulez...

LUCILLE — Bien non, bien non, reste... On n'a pas l'habitude de mettre les gens à la porte les jours d'anniversaire...

FERNANDE — Ah! Au fait, c'est vrai... Tiens... C'est pour toi... Joyeux anniversaire, ma belle Lulu! Tu vas voir, quarante ans, on s'en remet plus vite qu'on pense!

LUCILLE, *regardant la boîte* — Hon! Pas « Le duc de Lorraine »! Yvette! Regarde! « Le duc de Lorraine »! Hon! Ça va être bon! Pas longtemps, mais bon... Hon! Mais j'y pense... Tu dis que t'arrives directement de chez toi, ça veut dire que tu viens pas de l'acheter! Hon! Ça veut dire que tu l'as acheté hier! Hon! Ça va être sec! À moins que ce soit une meringue...

FERNANDE — Voyons donc, Lucille, je ne t'aurais jamais acheté une meringue pour ton anniversaire! C'est un excellent moka... et il ne sera pas sec, il a passé la nuit dans le réfrigérateur...

LUCILLE — C'est vrai que même les gâteaux de la semaine dernière du « Duc de Lorraine » sont encore frais !

FERNANDE — Lucille, je passais par là hier et je me suis dit que ce serait moins compliqué que d'être obligée d'y retourner ce matin... Tu comprends, je n'avais pas ma voiture...

LUCILLE — Pourquoi tu te justifies comme ça, donc ? On ne t'a rien demandé...

Elle sort en serrant amoureusement la petite boîte sur son cœur.

LUCILLE — Ça va être bon, ça va être bon, ça va être bon...

Yvette cache son fou rire dans sa tasse de thé.

FERNANDE — Il fait toujours aussi noir, ici ! Pourquoi n'installez-vous pas des rideaux plein-jour partout comme je vous l'ai si souvent suggéré ?

YVETTE — Parce que, comme on te l'a si souvent répondu, on aime mieux la lumière tamisée, Fernande !

FERNANDE — On dirait que l'air ne circule pas... Ça sent le renfermé quand on entre ici... Et puis avec toutes ces fenêtres bouchées on a l'impression que cette maison cache quelque chose... C'est dommage, c'est si joli de l'extérieur... C'est frais et pimpant, la peinture est brillante, les arbres bien taillés... Vous devriez en profiter plus... Je n'aime pas ces odeurs de vieux garçon qui flottent ici.

YVETTE — Écoute, Lucille et moi on ne fume quand même pas le cigare !

FERNANDE — Est-ce que la fenêtre est ouverte, au moins ? Je parierais que non...

Elle se glisse derrière les lourdes draperies.

YVETTE — Attention à la lumière du jour ! Après la pénombre du salon, ça peut être dangereux !

FERNANDE — Mon Dieu !

YVETTE — Bon, qu'est-ce qu'y a encore ! T'as trouvé un grain de poussière sur le bord de la fenêtre ? On l'avait mis là pour que tu le trouves, Fernande !

FERNANDE — Madame Rousseau qui porte un manteau jaune serin ! Franchement ! Elle a l'air d'un gros canari ! *(Changeant de ton.)* Bonjour, madame...

YVETTE — Quoi ?

FERNANDE — Bien, elle s'est retournée puis elle m'a vue, j'ai bien été obligée de la saluer !

YVETTE — Une chance que la fenêtre n'était pas ouverte, elle t'aurait entendue, en plus ! Une ennemie de plus à ton crédit...

FERNANDE — Je n'ai pas d'ennemis, Yvette, je n'ai que des adversaires !

Yvette lève les yeux au ciel. Lucille revient et aperçoit tout de suite la bosse que fait Fernande dans les draperies.

LUCILLE, *à Yvette* — Notre sœur est déjà dispa-
rue ? Tant mieux ! À trois, sur son petit gâteau,
au lieu de quatre, on va peut-être pouvoir y
goûter !

*Elles pouffent de rire. On entend le bruit
d'une fenêtre qui s'ouvre.*

FERNANDE — Enfin, de l'air pur...
LUCILLE — Ciel, j'entends des voix !

*Yvette donne des tapes à Lucille. Au même
moment, Fernande sort de derrière les rideaux...*

FERNANDE — Si vous voulez jouer à la tag, ne
comptez surtout pas sur moi ! Je peux retourner derrière les draperies et reprendre un peu
d'air frais.
LUCILLE — Moi, j'aimerais mieux qu'on joue à
la cachette et que tu comptes jusqu'à cinq
mille pendant qu'on monte faire nos bagages !
FERNANDE, *souriante* — Si tu ne voulais pas
que je vienne, Lucille, tu n'avais qu'à me le
dire !
LUCILLE — Bien oui, j'voulais que tu viennes,
j'rêvais à ton cream puff depuis deux
semaines !
FERNANDE — Que t'es donc ennuyante, avec
tes farces plates, des fois !

*En attendant le mot « ennuyante », Yvette se
lève et se dirige vers une petite bibliothèque.
Elle sort un dictionnaire.*

LUCILLE — Assis-toi donc, Fernande, puis raconte-moi donc les dernières aventures de Nelligan, ton benjamin drop-out.

FERNANDE, *s'installant dans le fauteuil d'Yvette* — Il n'est plus drop-out. Il est revenu, le cher enfant... Je me suis beaucoup ennuyée de lui, tu sais...

LUCILLE — Lui, il devait plutôt s'ennuyer de sa gang du Laurier Bar-B-Q!

FERNANDE — Je le savais qu'il finirait par comprendre le bon sens, tu comprends, il n'est pas sot! Il est sauvage, il est difficile, il est individualiste, mais il n'est pas sot!

LUCILLE — Il voyait approcher ses vingt ans à grands pas et il ne voulait pas manquer son chèque... En effet, y est pas sot.

FERNANDE — Son père lui a parlé... Moi... Mes relations avec Nelligan ont toujours été un peu tendues. C'est le plus jeune, à la maison, et il m'accuse souvent de trop vouloir le gâter, de trop m'occuper de lui, de l'étouffer, même... C'est drôle... Nos plus vieux nous accusent toujours de ne nous être jamais occupés d'eux et le plus jeune se plaint toujours que nous l'étouffons... De mère sans-cœur nous passons rapidement à mère abusive sans même nous en rendre compte. *(Silence.)* Nelligan prétend que c'est à cause de moi qu'il est parti de la maison. Parce que j'envahis trop sa vie privée: Imaginez! Sa vie privée, à dix-neuf ans! Je l'ai gâté, oui, c'est vrai, et je m'inquiète de lui, mais de là à m'accuser de m'occuper de ce qui ne me regarde pas! *(Elle soupire.*) Pour qu'il revienne à la maison, j'ai dû promettre de ne plus remettre les pieds dans sa chambre quand il n'est pas là ! Tu vois comme tout ça est enfantin, au fond...

LUCILLE — Ça va être difficile...

FERNANDE — Bien sûr que ça va être difficile... Peux-tu t'imaginer la chambre d'un jeune homme de dix-neuf ans jamais visitée par sa mère ? Peux-tu voir d'ici le capharnaüm ? Le free for all ?

LUCILLE — Ça va y passer...

FERNANDE — J'y compte bien ! Si Nelligan s'imagine qu'il va venir faire la loi dans ma vie, il se trompe grandement ! C'est moi qui fais les règlements, à la maison, ce n'est pas lui ! Monsieur Nelligan Beaugrand-Drapeau ne viendra pas à bout de moi aussi facilement, ah ! non !

LUCILLE — Ça ne t'est jamais venu à l'esprit que Nelligan Beaugrand-Drapeau c'est un drôle de nom, Fernande ?

FERNANDE — Pourquoi ? À cause du Beaugrand ? J'ai toujours insisté pour que mes enfants portent aussi mon nom ! Je n'avais pas du tout envie d'être la quidam de la famille ! Je voulais qu'on se souvienne d'où je viens et qui je suis ! De toute façon, Nelligan Beaugrand-Drapeau, c'est très beau, ça sonne bien.

LUCILLE — Moi, je trouve que ça a l'air d'une station de métro.

YVETTE — En tout cas, v'là une chose de réglée, les filles... Je viens de vérifier dans le diction-naire... Ennuyant, c'est français... Écoutez...

« Ennuyant, ante : adj. (Enoiant, XIIe siècle, de ennuyer). Vieilli, ou régional : ennuyeux »

LUCILLE — Régional, ça y est, on s'en sortira jamais ! De toute façon, c'est le *Petit Robert* que tu as là, Yvette... Ça vaut rien... Va voir dans le *Larousse*...

FERNANDE, *intéressée* — Vous avez eu une discussion linguistique ?

LUCILLE — Laisse faire le dictionnaire, Yvette, notre encyclopédie universelle est ici ! *(À Fernande :)* À ton avis, ennuyant, est-ce que c'est français ?

FERNANDE — Si je l'ai employé tout à l'heure c'est que c'est français !

YVETTE — C'est pas la modestie qui t'étouffe.

FERNANDE — Non, je le sais, c'est tout...

LUCILLE — Yvette, va voir dans le *Larousse*...

YVETTE — Avec plaisir...

Elle sort en ricanant.

FERNANDE — Je trouve que c'est rendu à un point critique, là, Lucille... À votre âge, vous vous liguez encore contre moi parce que je suis la plus vieille...

LUCILLE — Voyons donc, Fernande... Recommence pas à faire claquer le drapeau de la paranoïa, aujourd'hui ! C'est jour de fête !

FERNANDE — Chaque fois que j'entre ici, vous vous liguez contre moi ! Je suis même souvent arrivée au beau milieu d'une engueulade et chaque fois, comme par miracle, tout se réglait entre vous et je devenais automatiquement le dindon de la farce...

LUCILLE — Tu devrais venir plus souvent, ces temps-ci, ça mettrait un peu de piquant dans notre quotidien...

FERNANDE — Vous vous chicanez beaucoup?

LUCILLE — Fernande, voyons, « chicanez » ! Toi, une grande dame du langage!

FERNANDE, *petit sourire* — Tu sais très bien qu'il existe des canadianismes de bon aloi... Il y en a même un plein dictionnaire!

LUCILLE — Ah! Si jamais « ennuyant » n'est pas dans le *Larousse*, ça va automatiquement devenir un canadianisme de bon aloi! C'est facile, ça... Tu peux louvoyer à travers le langage sans jamais risquer de te tromper! Tu sais qu'on pourrait appeler ça de l'hypocrisie!

FERNANDE, *toujours souriante* — Lucille, tu me fais suer! Est-ce que tu le sais que tu me fais suer?

LUCILLE — J'espère bien, avec tout le mal que je me donne!

Yvette revient en courant.

YVETTE — Les filles, nous sommes sauvées, ennuyant est dans le *Larousse*!

FERNANDE — Ah! Qu'est-ce que je vous disais! Je le savais!

On sonne à la porte.

LUCILLE — Lorraine! La honte de la famille! En v'là une, au moins, qui fait des fautes sans complexe, puis des belles!

Entre Lorraine qu'on aperçoit à peine derrière une énorme boîte de pâtisserie.

LORRAINE — La porte était pas barrée!

YVETTE et LUCILLE — Pegroid's!

FERNANDE — Quoi!

YVETTE — Mais tu transportes une bien grosse boîte, donc, Lorraine... On te voit quasiment pas!

LORRAINE — Parlez-moi-z-en pas... *(Elle dépose la boîte par terre, puis à Fernande:)* Mon Dieu, t'étais là, toi! Faut-tu que je change d'accent!

FERNANDE — Bonjour, Lorraine.

LORRAINE — Bonjour, Fernande, comment va Fernand? Tant mieux. Guido va bien aussi. *(Aux autres:)* Imaginez-vous donc qu'y se sont trompés...

YVETTE, *qui était penchée au-dessus de la boîte* — Hon! Lucille... « Le Buffet Ville-Marie »...

LUCILLE, *prenant un air déçu* — Hon...

LORRAINE — Ben oui, j'ai découvert ça derniè- rement... Y font des bien bonnes affaires... Sois pas désappointée, Lucille, tu vas voir, c'est pas croyable les affaires qu'y font! Surtout que là y se sont trompés pis qu'y ont faite un gâteau deux fois plus gros que celui que j'leur avais commandé...

YVETTE — Mon Dieu! Mais on va en manger pendant six mois!

LORRAINE — J'en rapporterai chez nous, si ça te dérange pas... Y vont touttes être ben contents... Surtout Guido. Y ferait trois milles à genoux dans la gravelle pour un morceau de gâteau...

FERNANDE — Rapporte-le au complet puis Saint-Léonard va avoir de quoi se bourrer pour toute une semaine!

LORRAINE — Tu sais ce que Saint-Léonard te dis, toi? *(Aux autres:)* Attendez que je vous montre ça... *(Elle soulève le couvercle de la boîte.)* C'est quasiment pas croyable...

YVETTE, *se repenchant au-dessus de la boîte* — C'est quasiment pas croyable.

LUCILLE, *même ton* — C'est quasiment pas croyable.

Yvette et Lucille se regardent pendant quelques secondes et se détournent pour ne pas montrer leur fou rire à Lorraine.

LORRAINE — J'vous l'avais dit qu'y était gros, hein? Y m'a coûté assez cher, aussi! *(Elle se penche de nouveau au-dessus de la boîte.)* À bien y penser, y est complètement ridicule, c'te gâteau-là.

Fernande s'est levée, s'est approchée et a baissé le nez sur le gâteau.

FERNANDE — Tu es sûre qu'il n'y a pas une danseuse qui va sortir de là-dedans?

LORRAINE, *ironique* — Non, chus pas sûre...
(À Lucille:) Bonne fête, Lucille! *(Elles s'embrassent.)* Tu vas voir, quarante ans, c'est le début de ta deuxième vie... la vraie!

FERNANDE — J'espère que tu n'as pas l'intention de laisser cette... chose... dans le salon! La pièce paraît plus petite depuis que tu as déposé ça là!

LORRAINE, *qui regardait sa sœur de plus en plus près pendant qu'elle parlait* — Fernande... Mon Dieu, as-tu remarqué les rides que t'as autour d'la bouche? Aie, les filles, avez-vous vu ça?

Les deux autres s'approchent.

FERNANDE — Moi, des rides!

LORRAINE — Autour d'la bouche... R'gardez!

LUCILLE — Bien oui...

YVETTE — C'est pourtant vrai...

Fernande porte sa main à sa bouche...

LORRAINE, *faisant un clin d'œil à Fernande* — Tu parles trop bien, Fernande, ta bouche est après se plisser!

Toutes éclatent de rire, sauf Fernande, évidemment.

LUCILLE — C'est pas des rides, Lorraine, c'est ses poches de fiel qui sont dégonflées!

LORRAINE — Ça fait-tu si longtemps qu'est arrivée?

FERNANDE — Vous êtes des enfants. Vous êtes vraiment des enfants!

LORRAINE — Merci! Bon, ben j'vas aller porter le monstre dans la cuisine, j'cré ben!

YVETTE — As-tu besoin d'aide?

LORRAINE — Ben non, ben non, je l'ai porté jusqu'ici, chus capable de le transporter dans'cuisine!

Elle a déjà disparu.
Court silence.

FERNANDE — Elle a encore engraissé, vous avez vu?

LUCILLE — C'est pas vrai! J'ai justement remarqué qu'elle avait un peu maigri! Tu vois comme tes fléchettes sont inoffensives, Fernande? Demande-toi pas pourquoi on n'a pas envie de jouer avec toi! Il faut être sûr de frapper juste, quand on fait une vacherie, sinon ça vaut pas la peine.

FERNANDE — Je devrais peut-être venir prendre des cours ici!

LUCILLE — J't'en ai donné, pendant vingt ans! Si tu y arrives pas encore aujourd'hui, c'est que t'es pas douée. J'pense que Lorraine a raison... tu parles trop bien pour avoir de l'imagination.

FERNANDE — Qu'est-ce que ça veut dire, ça, encore?

LUCILLE — Ça veut dire que les gens comme toi, vous pensez tellement toujours aux mots que vous employez que ça vous empêche de penser à ce que vous dites!

FERNANDE — Je ne suis quand même pas une irresponsable pour la simple raison que je m'exprime clairement!

Yvette s'est approchée de Lucille.

YVETTE — Tu m'avais promis de ne pas t'engueuler avec elle!

LUCILLE — Je t'ai rien promis du tout!

YVETTE — Alors, Lorraine et moi on va encore faire de la figuration en sirotant notre thé!

LUCILLE — Embarquez avec nous autres!

YVETTE — Tu sais bien que je déteste les chicanes!

LUCILLE — Bien, tu chanteras pendant que Lorraine t'accompagnera au piano, ça va être de toute beauté!

Lorraine revient au même moment. Elle est en train de finir de manger le moka de Fernande.

LORRAINE — Mmmm... Y est un peu vieux, mais y est tellement bon... L'avez-vous acheté dimanche passé?

Fernande se lève et se jette sur Lorraine.

FERNANDE — Tu le fais exprès, hein? Tu le fais exprès! Tu le savais que j'avais apporté ça pour l'anniversaire de Lucille!

LORRAINE, *au bord des larmes* — Ben non, j'le savais pas! Parle-moi pas comme ça, ça me revire à l'envers! Comment ça se fait qu'y en n'avait pas quatre?

FERNANDE — C'est son anniversaire à elle, pas le tien! C'est elle qu'on fête, pas toi! Imagine-toi donc que j'aime mieux dépenser un peu plus d'argent sur un seul petit gâteau pour la régaler, elle, parce que c'est son anniversaire, à elle, plutôt que d'acheter un monstre comme le tien, ridicule et graisseux, qui de toute façon ne régalera personne!

LUCILLE — Notre sœur est élitiste jusque dans les gâteaux!

Lorraine, incapable de répondre, fond en larmes. Fernande se détourne et se dirige vers Lucille.

FERNANDE, *à Lucille* — Puis toi, ne viens pas me dire que tu n'aimes pas mieux te régaler dans ton coin toute seule avec mon moka plutôt que de t'étouffer avec la pâte sèche et les roses en sucre de Lorraine!

LUCILLE — Oui, Fernande, j'aime mieux m'étouffer avec la pâte sèche de Lorraine! Au moins, c'est drôle! Tandis que manger ton moka toute seule dans mon coin, c'est mortel, Fernande, mortel! Puis en plus, manger un gâteau que tu as acheté la veille pour sauver quelques dollars de taxi, c'est humiliant! T'es profondément cheap, Fernande, pis essaye pas de faire passer ton avarice pour de la générosité!

FERNANDE — Cette réputation d'avaricieuse que vous essayez de me faire depuis toujours me confond!

LUCILLE — On te la fait pas, cette réputation-là, Fernande, tu te la fais toi-même!

FERNANDE — C'est faux! Je calcule parce qu'il faut bien calculer quand on a un mari architecte dont la carrière n'est pas ce qu'on peut appeler brillante et qu'on est habitué à un certain train de vie; je sacrifie le superflu à l'essentiel; je fais la police parce qu'il faut bien surveiller les petits délits quotidiens si on veut éviter la grande catastrophe, mais je ne suis pas avaricieuse! Je suis obligée d'étouffer ma générosité naturelle pour survivre et personne, personne n'a le droit de me dire que j'ai tort!

LORRAINE — Les v'là reparties... Qu'est-ce qu'on fait?

YVETTE — Chantons!

Yvette et Lorraine se dirigent vers le banc du piano qu'elles ouvrent. Elles fouillent dans les partitions.

LUCILLE — Des fois, ta mauvaise foi me tue! Mais peut-être que t'es sincère, aussi, sait-on jamais... T'es peut-être complètement irresponsable, au contraire de ce que tu disais, tout à l'heure... Si ça va si mal dans ton château, Fernande, trouve-toi un emploi! Va vendre des gants chez Ogilvy's, au moins, c'est un magasin chic!

FERNANDE — Si nous étions plus jeunes, tu sais ce que je ferais, Lucille?

LUCILLE — Tu m'as battue jusqu'à l'âge de quinze ans, Fernande, je le sais ce que tu ferais! Quand y a pus d'argument, y reste toujours les claques, hein?

FERNANDE — C'est pas du tout ce que je voulais dire! Je voulais dire que si nous étions plus jeunes, je t'éduquerais à ma façon pour t'éviter le gâchis qu'est devenue ta vie! Avoir su ce que je sais maintenant, je t'aurais prise en main, ma petite sœur, et aujourd'hui, tu ne serais pas enfermée dans un salon étouffant à pondre des méchancetés sur tout le monde pour maquiller ta vie ratée! Maman avait bien raison d'être découragée de toi! Tu es intraitable! Maman disait toujours qu'il aurait fallu une armée pour venir à bout de toi et elle avait bien raison!

LUCILLE — Tu lui ressembles tellement, en vieillissant, que c'en est hallucinant! Tu es devenue maniérée, hypocrite, inhumaine, entremetteuse et calculatrice! Comme elle!

Fernande ne répond pas. Elle va calmement s'asseoir dans le fauteuil d'Yvette.

LUCILLE, *se penchant au-dessus de Fernande* — Mais je sais pertinemment que tu la hais autant que nous!

64

FERNANDE — Quand tu parles de maman, tu perds toute espèce d'objectivité ! J'aime mieux ne pas répondre.

LUCILLE — C'est ça, dérobe-toi, comme elle ! De toute manière, c'est toi qui as commencé à parler de maman ! Tu trouves toujours un moyen de te glisser en dehors des discussions quand tu n'as plus le haut du palier... en femme civilisée, je suppose ! Tu me fais tellement chier, des fois, Fernande !

Fernande s'est redressée dans son fauteuil. Yvette et Lorraine ont levé la tête.

FERNANDE — Je n'endurerai pas ce langage... dans ma maison !

Ses trois sœurs la regardent. Silence.

YVETTE — Merci de nous rappeler encore une fois que nous sommes tes locataires, Fernande !

LUCILLE — Ne te mêle pas de ça, Yvette, tes nerfs...

Yvette jette les partitions au fond du banc, s'empare du dictionnaire et se dirige vers Fernande.

YVETTE, *doucement* — Ça fait longtemps que je veux te dire une chose, Fernande. Et je pense que le moment est venu. Je veux te dire que je sais que tu n'as jamais voulu nous vendre la maison, après la mort de maman, pour nous garder sous ta tutelle, Lucille et moi, toi qui avais toujours tout dirigé dans nos vies! Je sais que tu as décidé à ce moment-là de nous charger un petit loyer, non pas pour payer les taxes, comme tu le claironnais partout, mais bien pour nous humilier, toutes les deux, pour que nous nous sentions dépendantes de toi le plus longtemps possible! Quand tu t'es mariée pour aller accrocher tes serres autour du cou de Fernand, ça t'a brisé le cœur d'être obligée d'abandonner ton ancien nid où tu faisais la loi depuis toutes ces années que maman était malade! Puis quand maman est morte en te laissant la maison, tu es revenue rôder par ici en donnant des coups de bec un peu partout pour laisser tes marques! Tu as une mentalité de propriétaire, Fernande, puis tu vas crever en sacrant contre l'ingratitude de tes locataires parce que ça va faire ton affaire! Alors ne viens plus jamais nous parler de ta générosité naturelle et de ton bon cœur! Jamais! Dans le monde que tu fréquentes, il est peut-être de bon ton de tenir cachées certaines vilaines choses dont on a honte mais ici, aujourd'hui, entre nous, les masques sont inutiles! Moi aussi tu me fais chier, Fernande! c-h-i-e-r, chier! *(Elle lui met le dictionnaire sur les genoux.)* Page 275 du *Petit Robert* 1967!

Elle s'éloigne de quelques pas, puis se ravise.

66

YVETTE — Et maintenant, tu vas faire des excuses à Lorraine... Tu l'as fait pleurer inutilement !

LORRAINE — J'en veux pas de ses excuses ! Recevoir des excuses de c'te grande insignifiante-là m'intéresse pas pantoute ! J'te dis qu'y fallait que j't'aime rare, Lucille, pour venir ici en sachant que Fernande serait là ! J'la vois juste quequ'fois par année, pis chaque fois ça me prend deux semaines pour m'en remettre ! Chus tannée de la voir frémir pis trembler chaque fois que j'dis quequ'chose qui est pas vérifiable dans le dictionnaire ! *(Elle s'approche de Fernande, s'adresse à elle, mais continue à parler d'elle à la troisième personne.)* Quand j'vois les sourcils y froncer, pis la bouche y durcir, pis le nez y pincer, pis le menton y trembler, pis la sueur y perler au front, j'ai envie de me sacrer à ses pieds en y demandant pardon de l'avoir offensée, elle la vierge folle de la langue française ! Al' a toujours eu le don de me faire culpabiliser sans presque jamais rien me dire... Vous autres, a vous a toujours engueulées parce que vous pouviez y répondre, mais moi, al'a toujours connu ma petite sensibilité, pis a m'a toujours couverte de mépris ! Pis ça marche encore ! C'est pas des farces, des fois, quand j'sors d'ici, j'fais attention comment j'parle ! Pis les enfants me disent: «Tiens, la fille d'Outremont qui remonte à'surface !» Ben oui, Fernande, qui prend mari prend pays ! J'me suis mariée de l'autre côté d'avenue du Parc pis toi de

67

l'autre côté de Côte Sainte-Catherine! Dans ta tête, tu t'es élevée pis moi j'me suis rabaissée; dans la mienne j'me suis éloignée pis toi tu t'es enfoncée! T'es tellement chic pis tellement clinquante pis tellement brillante que quand t'arrives à la Place des Arts, pour les concerts de l'Orchestre Symphonique, le mardi soir, y doivent même pas avoir besoin de leurs lustres pour voir clair! Pis tu parles tellement bien, pis tu prononces tellement toutes tes syllabes que quand tu vas en France y doivent te prendre pour une Polonaise qui fait sa maîtrise en langues latines à l'université de Varsovie!

FERNANDE, *petit sourire* — C'est mieux que de passer pour Belge! Je suis très heureuse pour toi que tu aies enfin trouvé une façon de t'exprimer dans la vie, Lorraine... Moi, je considère qu'on n'est pas obligé de parler joual pour se faire comprendre, mais pour certaines personnes complexées, je suppose que c'est mieux que rien...

LUCILLE — Bon, ça y est, le joual, son animal favori, qui vient de se montrer le bout du museau! On n'a pas fini!

FERNANDE, *même petit sourire* — C'est vrai! Avant de se marier, Lorraine ne s'extériorisait jamais. Aujourd'hui, elle offense l'oreille, mais s'extériorise enfin, tant mieux pour elle et tant pis pour nous!

LORRAINE — Encore le mépris...

FERNANDE — Comment veux-tu que je juge autrement une fille, ma sœur, qui a reçu la même éducation que moi, dans les mêmes écoles que moi, dans la même maison et dans le même esprit, qui était probablement destinée à marier un bon parti et à élever des enfants propres et dignes, et qui s'est contentée... d'aboutir avec un jardinier de Saint-Léonard dont les parents ne parlaient même pas notre langue et sentaient le fromage romain! Comment veux-tu que je juge autrement une fille qui s'est déjà appelée Lorraine Beaugrand et qui se promène maintenant avec un passeport au nom de Lorraine Ferzetti!

LORRAINE — Moi, mes enfants s'appellent pas Beaugrand-Ferzetti parce qu'y ont pas besoin de tant de noms pour se faire une personnalité!

FERNANDE — Une personnalité! Ah! oui, bien sûr! Tout ce qui est « coloré » et bruyant et envahissant prend à vos yeux figure de personnalité. La discrétion, vous connaissez?

LORRAINE — J'aime mieux être bruyante et en santé que discrète et constipée!

Fernande reste bouche bée.

LORRAINE, *ironique* — Mon Dieu, les filles, ça y est, j'l'ai bouchée! Ça se peut-tu? C'est le plus beau jour de ma vie! J'pense que j'vas perdre connaissance!

YVETTE — Arrête-toi pas là, Lorraine! Profite de ton avantage pour te vider le cœur...

LORRAINE — Faut jamais fesser sus quelqu'un qui est déjà à terre! C'est ça, la générosité italienne!

FERNANDE, *doucement* — Ne sonnez pas trop tôt la trompette de la victoire, je ne suis pas si « à terre » que ça !

LUCILLE — Oui, malheureusement, en femme du monde, Fernande retombe vite sur ses pattes !

FERNANDE, *à Lorraine* — Continue à parler de constipation, Lorraine, c'est tout à fait à ta hauteur... Moi, je vais viser plus haut.

LORRAINE — Si viser plus haut pour toi signifie continuer à parler une langue écrite en te censurant au fur et à mesure, tu peux continuer à viser plus haut... de toute manière tu vas finir par manquer d'air ! L'air est rare sur les hauts sommets, ma sœur !

FERNANDE — Peut-être, mais on est moins de monde !

LORRAINE — Si j'avais pas déjà mangé son moka, j'y écrapoutirais dans'face !

FERNANDE — Écrapoutir ! *Écrapoutir!* Mais ma grand-foi, Lorraine, tes enfants se chargent eux-mêmes de ton éducation ! Ce n'est certainement pas ton Italien de mari qui t'a enseigné ce beau mot ! Tes enfants ramassent les mots de joual dans la boue et viennent les déverser dans ton salon ? Bravo ! Bientôt tu vas sacrer ! Mais peut-être sacres-tu déjà chez toi et n'as-tu pas encore osé le faire devant nous !

LORRAINE — Y a pas grand-chose que j'oserais pas faire devant toi, tu sais.

FERNANDE — Ça ne m'étonne pas ! Tu es déjà une offense pour la vue et une offense pour l'ouïe, il ne te reste plus qu'à t'attaquer aux trois autres sens pour devenir totalement vulgaire!

LORRAINE — La vulgarité par les sens! C'est bien toi, ça! Ça te ressemble parfaitement! Il faut être délicat et fade en tout pour trouver grâce à tes yeux, hein? Délicat de constitution pour ne pas choquer ta vue, délicat d'élocution pour ne pas briser ton sensible tympan; le moins toucheux possible parce que trop toucher c'est trop vouloir; il faut être fade pour ne pas offenser tes papilles gustatives et, surtout, il ne faut rien sentir! Ou très discrètement. Quelque chose de léger mais de cher! Les gens comme toi ont l'odorat atrophié! Si quelqu'un pète, à la Place des Arts, personne sent rien! Ah! Mais je me trompe! C'est vrai, ça, c'est le savoir-vivre!

FERNANDE — Mais qu'est-ce que c'est que cette manie que tu as de toujours cracher sur la Place des Arts? Tu ne t'y sens pas chez toi?

LORRAINE — Certain que je ne m'y sens pas chez moi! Surtout pas aux spectacles que fréquente ton monde! Une fois, une seule fois depuis ma mésalliance j'ai assisté à un concert de l'Orchestre Symphonique... J'aime la musique... Si, si, si, ne prends pas cet air, tu sais très bien que je connais autre chose que «Funiculi Funicula»! J'ai été élevée dans l'amour de la musique exactement comme toi dans celui de l'écriture, tu te souviens? Tu vois où ça nous a menées toutes les deux... Enfin... Ce que j'ai vu ce soir-là et ce que j'ai entendu à l'entracte m'ont dégoûtée à tout jamais de ces concerts mondains où les gens comme toi, ton monde, ta caste, ton élite, se ramassent, se frottent et s'agglutinent pour montrer leurs beaux habits neufs et leurs nouvelles bagues! J'étais assise au parterre, ma chère, pas très loin de toi et de ton Fernand qui arbore depuis quelques années une moumoute qui a l'air faite en céramique tellement elle est raide et luisante, et au beau milieu du concerto pour violon de Stravinski je me suis surprise à me demander combien de personnes, *combien de personnes,* Fernande, dans ce parterre resplendissant ressentaient un quelconque respect sinon un semblant d'amour pour la musique! Et juste avant l'entracte, à la fin du concerto, j'en étais arrivée, je sais que c'est prétentieux, mais j'en étais arrivée à penser que j'étais la seule!

FERNANDE — Tu as toujours eu un sens aigu du martyre! Tu étais encore une fois la pauvre victime et nous les méchants bourreaux! Avoue que c'est un peu facile! «La Place des Arts vous appartient, vous êtes les méchants et moi je souffre!» Et pourtant, dans ton cas, ma pauvre fille, c'est un choix! Un choix! C'est bien ta faute si tu ne t'y sens pas chez toi! Si tu avais voulu, la Place des Arts t'aurait appartenu, à toi aussi!

LORRAINE — J'parle pas de la possession de la Place des Arts, j'parle de la musique! De l'amour de la musique! Et du respect de la musique! Tu confonds encore propriété et amour!

FERNANDE — Si tu veux parler de la musique, tu as justement choisi un mauvais exemple! Tu es venue un mauvais soir, c'est tout! Si tu étais venue au concert un autre soir que celui-là, tu nous aurais sentis vibrer, nous aussi! Parce qu'il y en a des soirs où le parterre vibre, Lorraine! Penses-tu vraiment que l'argent sape toute sensibilité? Ça serait trop simple!

LORRAINE — Non, c'est vrai. Le monde n'est pas aussi carré que je le pense. Mais il n'est pas aussi carré que tu le penses non plus!

FERNANDE — J'en ai de la sensibilité! J'en ai à revendre! Mais j'aime la musique qui est écoutable, un point c'est tout! Mais Stravinski! Franchement!

LORRAINE — Évidemment, ce qui vous plaît, à vous, c'est la grosse musique sirupeuse, les gros canons romantiques du XIXe siècle qu'on a entendus cent fois, qu'on connaît par cœur et qui, surtout, ne portent pas à conséquence! Vous allez vibrer à un quelconque Tchaïkovski exécuté d'une quelconque façon parce que vous allez pouvoir vous imaginer au ballet! Mais si on vous confronte avec un Bruckner ou un Bartók un tant soit peu difficile, vous vous dérobez parce que vous ne connaissez pas la toune!

FERNANDE — Lorraine! S'il te plaît! Comment peux-tu dire de pareilles monstruosités! En plus d'être injuste, tu es complètement ridicule! Et c'est toi qui parlais de poches de fiel, tout à l'heure? Ça sert à rien de discuter.

Taisons-nous... Changeons de conversation...
On s'entendra jamais...

LORRAINE — J'comprends qu'on s'entendra
jamais!

FERNANDE — De toute manière, le goût est une
chose qui ne se discute pas.

LORRAINE — C'est bien ce que je dis... Laissez-
moi aimer Stravinski...

FERNANDE — Je te le donne! Amène-le avec toi
à Saint-Léonard qu'on n'en entende plus parler! Quant à ma caste, comme tu dis, si elle
s'habille pour assister à un concert, c'est pour
perpétuer une tradition! Une Tradition, Lorraine! Ce n'est certainement pas toi et ta
bande d'échevelés d'enfants qui allez les faire
survivre, les traditions!

LORRAINE — Pas les tiennes, en tout cas! De
toute façon, écoute donc la musique avec tes
traditions puis laisse-moi donc l'écouter avec
mes oreilles!

*Lorraine va s'asseoir dans le fauteuil de Lu-
cille.*
Long silence gêné.

LORRAINE — Le monde appartient à des igno-
rants repus!

Quelque part, une horloge sonne.

LUCILLE, *ironique* — Cinq heures, les filles,
l'heure du thé! Le premier round est terminé!
Toute discussion est défendue pendant l'heure

74

sacrée du thé. Surtout un jour d'anniversaire!

LORRAINE — Une chance que c'est fini, j'étais
à bout!

LUCILLE — On reprendra tout ça après le gâteau
de Lorraine auquel nous ferons d'ailleurs
toutes honneur, j'en suis persuadée!

LORRAINE — J'haïs ça être obligée de me dé-
pomper vite, de même!

FERNANDE — Tiens, tu es revenue à ton parler
des trottoirs? As-tu remarqué, Lorraine, que
pendant notre discussion, tu avais repris ton
langage d'Outremont? Est-ce que par hasard
ça ne signifierait pas qu'on ne peut pas
s'exprimer clairement dans ton joual adoptif?

LORRAINE — Dis-moi pas qu'en plus tu t'en
rends même pas compte, quand on rit de toi!

LUCILLE — Les filles... j'ai dit *time*... D'ailleurs,
Lorraine, je trouve que pour une fille timide et
trop sensible, tu m'as pas mal volé le crachoir,
aujourd'hui!

LORRAINE — Pour une fois que je parle,
reproche-moi le pas!

LUCILLE — Non, mais faudrait pas exagérer...
Après le thé, c'est mon tour! La figuration ne
m'intéresse vraiment pas, fût-elle intelligente.

Lucille, Yvette et Lorraine sourient.

YVETTE, *à Lucille* — Lorraine et moi, on t'avait
préparé un petit quelque chose pour ton anniversaire, mais dans les circonstances actuelles...

LUCILLE — Quelles circonstances? Nous sommes en pleine trêve de gâteau! Et en plein cœur d'Outremont! Tout est possible! C'est l'entracte! J'sens que tu vas me chanter quelque chose...

YVETTE — Oui... ta chanson favorite, quand tu étais petite... tu te souviens?

LUCILLE — « Après un Rêve », de Fauré!

LORRAINE — On a pensé que ça te ferait plaisir...

YVETTE — Je refusais de la chanter depuis tellement longtemps...

LUCILLE — C'est donc ça que vous maniganciez, toutes les deux, depuis quelques jours... Bien, c'est une vraie surprise, je m'y attendais pas du tout! Allez-y, qu'est-ce que vous attendez?

LORRAINE — On n'est pas prêtes, prêtes, prêtes, ce qui s'appelle prêtes, tu sais...

YVETTE — Pis j'ai comme un chat dans la gorge...

LUCILLE — Tu dis toujours ça... C'est le trac... C'est normal...

Yvette et Lorraine se sont installées au piano. Fernande leur tourne carrément le dos.

LUCILLE, *à Fernande* — Fernande, j'ai dit que c'était une trève! C'est toi, la grande dame de la famille? Montre-nous que tu sais vivre!

Fernande vient s'asseoir dans le fauteuil d'Yvette. Yvette chante «Après un Rêve», de Gabriel Fauré, en entier, accompagnée par sa sœur Lorraine. Lucille est visiblement touchée. Fernande bâille ostensiblement à deux

76

*ou trois reprises et sourit quand Yvette se
trompe. Aussitôt le morceau terminé, Lucille
applaudit.*
L'éclairage baisse lentement.

YVETTE — Excusez-moi... j'étais pas tellement
en forme... j'ai tellement mal chanté... Ça
allait mieux aux répétitions... J'sais pas c'que
j'avais... J'étais vraiment pas en forme...

Noir

ACTE II

Lorraine est seule au salon. Elle est assise sur le banc du piano. Elle fait face au public.

LORRAINE — J'ai voulu mourir, un temps, moi aussi. C'est drôle, quand j'y repense, aujourd'hui, j'ai l'impression d'être quelqu'un d'autre. J'ai l'impression que la Lorraine de cette époque-là est un personnage de roman que j'ai bien aimé mais que je trouvais bien niaiseux. Moi aussi j'ai été élevée dans le papier de soie, moi aussi j'ai été éduquée à penser que je faisais partie de la crème de la société et que l'avenir appartenait au monde comme moi. *(Silence.)* Moi aussi quelqu'un que je détestais m'a fait accroire que j'avais du talent. Mais j'ai compris plus vite que mes deux sœurs aînées et j'ai réagi plus vite que ma cadette. *(Silence.) (En souriant:)* C'est moi la brebis galeuse qui s'est sauvée avec le jardinier pour aller élever des petits enfants noirs et frisés dans le fin fond du ghetto italien. *(Silence.)* Maman disait toujours à mes sœurs: « Elle a abandonné le piano pour la mandoline! » en plissant le nez puis en mettant sa main sur sa poitrine comme si a'l avait eu des palpitations... *(Silence.)* Toutes les années que j'ai passées ici, dans le salon, à faire mes gammes, à grimper mes arpèges, à défaire les nœuds que j'avais dans les doigts et à masser les crampes qui me crochissaient les mains, ont laissé comme un vague goût de lait caillé dans ma bouche. Tout ce que j'ai jamais connu de cette pièce, c'est la plaque de noyer ouvragée que j'apercevais quand, par mégarde, je levais les yeux de mon clavier. Mais, c'est drôle, j'ai aucune espèce de souvenir précis de cette époque-là. J'sais que j'ai passé ici-même des milliers d'heures à faire avec mes doigts des acrobaties qui m'intéressaient absolument pas, mais... j'ai comme un blocage. Je regarde le piano, des fois, puis je me demande comment ça se fait que j'sais m'en servir! *(Elle se lève, brusquement.)* J'ai toujours haï le piano! *(Court silence.)* C'est pas vrai. C'est pas vrai. *(Elle se rassoit.)* J'ai adoré le piano jusqu'à ce qu'on me fasse peur avec mon soi-disant talent. Tant et aussi longtemps que mes leçons ont pas été sérieuses, j'ai été heureuse. La mère qui m'a donné mes premières leçons était une femme passionnante, passionnée, que je vénérais avec toute la force de mes huit ou neuf ans... Mais quand est arrivée l'adolescence, que mes mains se sont vraiment déliées, que la bonne mère s'est mise à froncer les sourcils en connaisseuse quand je m'installais au piano et que les amies de ma mère se sont mises à pousser les hauts cris et à se pâmer chaque fois que je m'assoyais ici pour leur exécuter leur «all time favorite », le premier mouvement de la sonate à la lune, j'ai senti comme un poids sur ma poitrine. Puis quand on me parlait de talent, j'avais envie de me sauver en hurlant : j'entendais ma sœur Yvette parler de mort, de suicide, d'assassinat ; je la revoyais se jeter du haut des escaliers en espérant se rendre impotente pour le reste de ses jours ; je la revoyais, aussi, se verser un grand verre d'eau de javel dans le but de tuer cette voix qu'on lui avait fait développer et qu'on voulait garder en cage, ici, dans cette même pièce où moi aussi je travaillais en vain. *(Silence.)* Ma sœur Yvette est un rossignol à qui notre mère a crevé les yeux pour amuser son cercle d'amies. *(Silence.)* J'dis ça puis Yvette a peut-être jamais eu de talent, elle non plus. *(Silence.)* Moi, pendant ce temps-là je voyais déjà maman me refermer le piano sur les doigts en me disant avec son accent de parvenue : « Surtout, ne va jamais répéter nulle part que tu as du talent ! Ton talent est à nous et tu n'as pas le droit de te prostituer devant personne d'autre que nous ! » J'avais vu ce qu'elle avait fait à Yvette, je la voyais venir ! Puis, effectivement, un soir, après un mini-récital particulièrement brillant, ici même, avec le Tout-Outremont transporté d'enthousiasme et la présence inespérée d'un critique musical influent, maman est venue s'asseoir à côté de moi sur le banc du piano. Je l'ai regardée droit dans les yeux, je lui ai fait signe de se taire et je lui ai dit : « Oui, maman, je sais. » Et j'ai moi-même refermé le couvercle du piano, doucement, sans faire de bruit. Ça faisait moins mal que de se faire écraser les doigts. *(En riant.)* Puis je me suis sauvée avec le jardinier! Enfin, j'en passe des bouts, bien sûr. Je passe par-dessus le dégoût de la musique que j'ai traîné derrière moi pendant des années, la brûlure cuisante que produisait en moi la seule vue du maudit instrument qu'on m'avait fait aimer pour mieux me l'arracher, ensuite; toute cette période où, moi aussi, j'ai voulu mourir comme dans les romans de Julien Green que maman admirait tant! *(Silence.)* Mais Guido est arrivé dans ma vie comme un poignard qui se plante au beau milieu d'un cœur en faisant une belle blessure claire, franche, nette, précise! La liberté! La fenêtre ouverte! La franchise! Ha! La franchise de Guido après toutes ces années de ronds de jambe, de salamalecs, de baise-main, de ouï-dire et de m'as-tu-vu! J'ai été enlevée presque comme dans les films de cape et d'épée, puis quasiment par la fenêtre de ma chambre à coucher! Mon prince charmant avait un accent à faire frémir et ce n'est qu'un râteau qu'il portait à son côté mais maudit qu'y était beau puis que je l'aimais donc! J'ai quasiment quitté Outremont sur le siège d'un tracteur pour devenir ce que ma sœur Fernande appelle une quétaine en se bouchant le nez mais que moi j'appelle une quétaine en riant, en chantant puis en tapant du pied! *(Elle se lève, se précipite sur les draperies qu'elle ouvre rageusement.)* Quand la quétaine vient faire son tour à Outremont, il faut laisser entrer la lumière! *(Elle revient lentement s'asseoir sur son banc.)* Maman m'a jamais reparlé après ma mésalliance. *(Silence.)* Quelle joie!

Fernande entre dans le salon, un verre de martini à la main.

FERNANDE — Est-ce que c'est aujourd'hui que ton jardinier de mari vient ratisser la pelouse de nos sœurs? C'est pour le voir passer que tu as écarté les draperies?

LORRAINE, *souriante* — Tu sais très bien que mon jardinier de mari ratisse pus les pelouses d'Outremont depuis longtemps... Y est patron, maintenant y a quinze hommes sous ses ordres...

FERNANDE — Ah! oui, c'est vrai... Ferzetti Gardening... *(Elle rit.)*

Elle s'assoit dans un des fauteuils du salon.

FERNANDE, *doucement* — Ça me fait plaisir de te voir.

LORRAINE — Tu peux l'avouer maintenant que t'as plus de public...

FERNANDE — C'est ça.

Elle boit.

LORRAINE — Toujours ton petit « double martini » avant le souper?

FERNANDE — Tu sais, maintenant, ça serait plutôt un «double double»...

Elle lève son verre à la santé de Lorraine et boit encore.

FERNANDE — En tout cas, c'est sûrement meilleur que ton gâteau vert et rose!

LORRAINE — Au lieu de pousser les hauts cris quand Yvette a voulu t'en couper un morceau, tout à l'heure, y me semble que t'aurais pu la laisser faire... quitte à pas y toucher, après...

Fernande grignote son olive.

FERNANDE — J'aurais pu... Mais le thé aurait été tellement ennuyant... J'avais pas envie de vous regarder mâcher comme des ruminants sans rien dire...

LORRAINE — Viens pas me dire que t'as tout fait ça juste pour passer le temps...

Fernande regarde Lorraine.
Elle semble hésiter.

FERNANDE, *avec un sourire gêné* — Tu viens de tomber sur l'histoire de ma vie, Lorraine... Sais-tu qu'il m'arrive de me réveiller, le matin et de me demander ce que je vais inventer pour passer à travers la journée? Sais-tu que je prends mon martini de plus en plus tôt et de plus en plus «double»? Il se pourrait que d'ici quelque temps j'aie ce qu'on appelle un problème de boisson...

84

LORRAINE — Occupe-toi...

FERNANDE, *ironique* — Si on était dans un autre siècle, j'aurais mes pauvres, mais aujourd'hui, les pauvres te crachent à la figure...

LORRAINE — Parles-tu sérieusement ou si tu te moques de moi, là?

FERNANDE, *après avoir terminé son martini* — Devine.

Elle dépose son verre.

FERNANDE — Je vais en prendre juste un, aujourd'hui. Pour te faire plaisir.

LORRAINE — Ça me ferait bien plus plaisir si tu en prenais dix! Tu sais bien que y a rien que j'aimerais mieux au monde que de te voir te rouler par terre!

Elles se sourient tendrement.

FERNANDE — Es-tu heureuse?

LORRAINE — Parfaitement! C'est platte, hein? Et toi?

Fernande ferme les yeux, appuie sa tête contre le dossier du fauteuil. Elle soupire.

FERNANDE — Il m'arrive d'avoir envie de venir m'enfermer, ici, avec Yvette et Lucille. Oh! pas souvent et jamais longtemps, mais ça m'arrive. Tout est tellement sécurisant, ici. Nos sœurs n'ont pas plus d'avenir que nous mais elles le savent, elles, elles ont choisi leur réclusion! C'est drôle... Je vois grandir les enfants, je les vois se détacher de moi... Nelligan, par exemple, qui veut voler de ses propres ailes alors qu'il a à peine un petit duvet sous le nez qui lui donne un air de jeune fille équivoque... et je me sens tellement dépossédée... C'est vrai que j'ai un instinct de propriété presque maladif mais au moins je l'assume! Je n'ai aucune honte à avouer que je ne veux pas perdre ce que j'ai déjà! Je dis toujours ce que je pense, exactement comme je le pense et le vide se fait de plus en plus grand autour de moi... Mes enfants me trouvent réactionnaire, mes amies pas assez discrète... Elles, mes amies, savent déguiser et enrubanner ce qu'elles ont à dire... moi, j'y vais toujours franchement. On m'en veut parce que je suis franche! Même ceux qui pensent comme moi ont honte de m'entendre parler, parfois! Surtout eux, d'ailleurs! Il faudrait que je pratique la fable et la métaphore pour garder mes amis... Et je trouve ça trop fatigant. D'où le « double double » martini!

LORRAINE — Fernande, faudrait pas que tu faiblisses... pas devant moi... Tu représentes tout ce que j'ai renié pis je veux que ça reste comme ça...

FERNANDE, *sèchement* — Y a pas rien que dans mon monde que les gens sont catalogués, à ce que je vois!

LORRAINE — Merci. Continue comme ça. *(Sèchement, à son tour.)* Y faut dire, aussi, que c'est dans ton monde que les catégories ont été inventées!

FERNANDE — Il reste plus d'Outremont en toi que je ne le pensais!

LORRAINE, *ironique* — En effet, la quétaine et la femme du monde se livrent en moi un dur combat...

FERNANDE — D'après ce que je peux voir par tes agissements, c'est la quétaine qui gagne!

LORRAINE — J'espère bien!

Fernande se lève et vient se placer à côté du banc de Lorraine. Elle pose une main sur l'épaule de sa sœur.

FERNANDE — Sérieusement, Lorraine, la vie d'ici ne te manque pas? Du tout?

LORRAINE — Après tout ce que tu viens de m'en dire? Non, Fernande. Sérieusement. Du tout.

FERNANDE — Tout ce que tu as dit, tout à l'heure, avant le goûter...

LORRAINE — C'était pas parce que nos sœurs étaient là. Je le pensais vraiment. *(Elle repousse doucement la main de sa sœur.)* La trève achève, Fernande, retourne à ta place et prépare tes armes!

Elles se regardent longuement.

FERNANDE — C'est la première fois qu'on se parle, toutes les deux, depuis ton mariage.

LORRAINE — C'est la première fois, point. Et c'est pas spécialement excitant.

FERNANDE — Moi, j'avoue que je ne déteste pas ça. J'en avais besoin...

LORRAINE — Tu m'auras pas aux sentiments, Fernande. Pas plus qu'à la guerre.

Lucille entre dans le salon. Elle porte un plateau.

LUCILLE — J'ai fait du thé frais!

Elle aperçoit les draperies ouvertes.

LUCILLE — Fernande, combien de fois on t'a dit de laisser les draperies fermées! Le soleil fatigue Yvette...

FERNANDE — C'est Lorraine qui a fait ça. Son mari lui a demandé de guetter ses ouvriers.

Lucille referme les draperies.

LUCILLE — Étiez-vous en train de vous réconcilier, coudonc?

FERNANDE — Jamais de la vie!

LUCILLE — Ouf, j'ai eu peur!

FERNANDE — Yvette est allée se reposer?

LUCILLE — Non, elle finit tranquillement la vaisselle. Thé?

FERNANDE — Non, merci. Jamais après mon martini.

LORRAINE — Moi, j'en prendrais.

Lucille sert le thé.

LUCILLE — T'as l'air toute déconfite, ma pauvre Lorraine... As-tu perdu un pain de ta fournée?

FERNANDE — Elle, déconfite? La Porteuse de Vérité? Celle qui a dit «non» parce qu'elle ne mange pas de ce pain-là? La courageuse? L'héroïne de la famille? Elle qui a adopté un nom étranger pour mieux nous renier? Elle, déconfite? Mais pour connaître la déconfiture, il faut commencer par douter! Et comment pourrait-elle douter, elle qui de toute façon et toujours a eu, a et aura raison? *(Elle se tourne vers Lorraine.)* Me retrouves-tu comme tu me veux, là?

Lorraine sourit.

FERNANDE — Donne-moi encore cinq minutes et je vais te rendre complètement heureuse... Tu veux absolument me voir avec les mêmes yeux que mes enfants qui meurent de honte chaque fois que j'ouvre la bouche? Eh! bien, tiens-toi bien, on part!

Fernande s'assoit dans le fauteuil d'Yvette. Elle commence la scène qui suit comme un jeu mais finit par s'y laisser prendre.

FERNANDE — Y est encore question d'une grève des postes. Ça va vraiment mal partout. C'est à se demander ce qu'ils veulent. Monter jusqu'ici? Prendre notre place? Remarquez qu'ici c'est déjà fait mais au moins, chez moi,

89

on est encore entre nous! *(À Lucille:)* Je vous avais pourtant prévenues quand j'ai hérité de la maison: je vous avais dit à l'époque que nous serions peut-être mieux de vendre la maison et d'en acheter une autre, plus près de chez moi... Mais non, vous vouliez rester ici, toi et Yvette: les souvenirs, le sentiment, tout ça...

LUCILLE — Je me souviens pas de ça du tout... Tu dis vraiment n'importe quoi... C'est un jeu, ou quoi...

FERNANDE, *qui ne l'a pas écoutée* — Eh! bien, j'avais raison! Ça a commencé, le grand envahissement! Ça a d'abord été les étudiants quand le cinéma Outremont a changé de mains... Des autobus pleins de barbus bruyants et de fausses gypsies se sont mis à envahir la rue Bernard tous les soirs... Ensuite, évidemment, tout ce beau monde a décidé de venir habiter ici, c'était tellement plus propre et plus tranquille que les trous d'où ils venaient! Venir salir chez le voisin c'est tellement plus agréable! Surtout quand il est plus riche! Même plus moyen de promener son chien sans se faire traiter de bourgeois et de vendue...

LUCILLE — T'as pas de chien...

FERNANDE — J'ai des amies qui en ont un!

LUCILLE — Ça m'étonnerait que tes amies promènent leur chien elles-mêmes...

FERNANDE — Leurs enfants les promènent...

LUCILLE — Et les enfants se font traiter de bourgeois et de vendus? *(À Lorraine:)* Est folle!

LORRAINE — Laisse-la faire, a fait le bouffon pour me faire rire !

FERNANDE, *la coupant* — Ensuite, ça a été le tour des artistes... Enfin, des artistes, c'est vite dit... Nous en avions, avant, des artistes, dans Outremont, mais des vrais, des respectables...

LORRAINE — Des propres !

FERNANDE — Oui, des propres, merci !

LORRAINE — Ça t'aura pas pris cinq minutes... Tu fais déjà ma joie...

FERNANDE — Et maintenant Outremont n'est plus à nous. Enfin, il nous reste quand même Upper Outremont...

LUCILLE — J'comprends, c'est tellement platte...

FERNANDE — Ce n'est pas parce qu'on n'y danse pas dans les rues qu'un endroit est nécessairement... platte, comme tu dis. Si vous voulez laisser Outremont en pâture à la nouvelle génération d'artistes qui se font un honneur de tout salir ce qu'ils touchent et qui risquent d'enlaidir notre ville et d'en faire un quartier populacier et bruyant, libre à vous ! Mais laissez-moi vous dire que moi je ne me laisserai pas faire comme ça !

LUCILLE — Qu'est-ce que tu vas faire ? Poser une clôture sur le côté ouest de la Côte Sainte-Catherine ?

FERNANDE — Oui, j'élèverai une clôture tout le tour de mon fief, s'il le faut !

LORRAINE — Son fief ! Franchement !

FERNANDE — Bien oui, mon fief ! D'ailleurs nous pensons sérieusement à faire poser des systèmes d'alarme un peu partout autour de la maison... Qui aurait dit ça il y a dix ans !

LUCILLE — Ta mauvaise foi dépasse vraiment toutes les bornes ! Ça fait au moins quinze ans que votre maison est bardée de fer comme une forteresse ! Tout ce qui vous manque, c'est des douves avec des crocodiles !

LORRAINE — Comme ça, Upper Outremont commence à se barricader ? J'vas rapporter ça à mon méchant ouvrier de mari, lui qui pensait pouvoir faire rien qu'une bouchée de vous autres...

FERNANDE — En tout cas, je n'aurais jamais cru que ça arriverait aussi vite !

YVETTE, *en entrant* — C'est faux ! Quand nous sommes allées voir la première production des *Belles-sœurs,* y a maintenant presque douze ans, tu nous as dit: « Si c'est ça, la nouvelle culture canadienne-française, dans dix ans ces femmes-là seront rendues chez nous ! » Tu étais déjà atteinte de paranoïa chronique ! Mais tu vois, ça fait plus de dix ans maintenant et la seule femme de l'Est qui a le droit d'entrer chez vous c'est encore ta femme de ménage ! Ça va pas si vite que ça !

FERNANDE — Tu as terminé ta vaisselle, toi ?

YVETTE — Ça fait un bon bout de temps. J'ai même pensé à aller m'étendre un peu, pour me remettre de mes émotions, mais quand je t'ai entendue parler de barbus et de fausses gypsies je me suis dit que t'avais pas fini de dire des énormités et que tu allais peut-être encore nous sortir des choses très drôles...

j'avais pas tort... T'es tordante... Donne-moi mon fauteuil, c'est mon fief!

Lorraine et Lucille éclatent de rire. Fernande se lève et va s'asseoir ailleurs. Yvette s'installe.

YVETTE, *bien carrée dans son fauteuil* — Je pense que je vais faire poser une petite clôture tout le tour! On ne sait jamais jusqu'où « ils » peuvent aller!

FERNANDE — C'est ça, riez! Mais quand ils entreront ici sans sonner avec leurs faux et leurs marteaux et que...

LUCILLE — Ah! Fernande, franchement! Es-tu déjà saoule?

FERNANDE — Bon! Bon! Je me tais!

LUCILLE — Ça vaudrait mieux!

Yvette se verse une tasse de thé. Les trois sœurs boivent en se jetant de petits coups d'œil.
Long silence ennuyé, Fernande regarde autour d'elle. Lorraine se gourme un peu.

LUCILLE — Continue donc, Fernande, ça bouche les trous.

FERNANDE — J'étais justement en train de penser... Je vous regardais toutes les trois... Vous vous souvenez... Vous vous souvenez comme ce salon était brillant, autrefois? Et clair! Et joyeux! Le soleil entrait à flots, l'été, et l'hiver nous baignions dans la lumière laiteuse de la neige. La fenêtre ne se fermait que tard, le soir, après le départ des derniers invités et s'ouvrait aussitôt que l'une d'entre nous posait le pied en dehors de sa chambre, le matin. Cette pièce était le cœur de la maison. Son âme. Nous y vivions. Et nous y étions heureuses. Et entourées! Les thés de maman étaient tellement extraordinaires! Le salon était toujours plein d'hommes prêts à se faire valoir et de femmes qui écoutaient en souriant. Des rires fusaient parfois lorsque maman, en bonne hôtesse, faisait reluire les traits de son ironie ou disait simplement un bon mot. On la complimentait sur sa mise, sur nos mines, sur le goût parfait dont faisait preuve chacun de ses gestes, chacune de ses paroles, et elle savait rougir sans pour autant paraître embarrassée ou désarmée. Rien ne pouvait désarmer notre mère qui règnait de si habile façon sur l'intelligentsia d'Outremont. Quelle époque! Tout s'est éteint. Nous les premières... Qui croirait, à nous voir aujourd'hui, que nous avons toutes connu un âge d'or?

LUCILLE — C'est un âge d'or juste dans ta tête.

FERNANDE — C'est faux. Ça non plus vous ne réussirez pas à me l'enlever! Tout ce qu'il y avait de plus brillant à Montréal fréquentait ce salon! Vous êtes-vous déjà arrêtées à penser que nous avons toutes les quatre été courtisées par de grands hommes!

LUCILLE — Courtisées! Tout ce qui les intéressait, tes grands hommes, c'était de s'écouter parler!

YVETTE — Et de manger !

LUCILLE — Ils étaient tous tellement prétentieux et tellement faux ! Les thés de maman étaient une honteuse mascarade à laquelle nous nous prêtions toutes de bonne grâce, hélas !

FERNANDE — Lorraine s'installait au piano. Tout le monde se taisait. Tu étais tellement bonne, Lorraine ! Tant de talent ! Ensuite, Yvette chantait. Jamais je n'oublierai « Villanelle » ou « L'invitation au voyage »...

YVETTE, *ironique* — Moi non plus...

FERNANDE — Mais toi, Lucille...

LUCILLE — Moi, je passais les plats...

FERNANDE — Je n'ai jamais compris pourquoi tu n'as jamais voulu danser en public...

LUCILLE — Je me voyais évoluer dans la grande glace de mon cours de ballet, c'était assez... M'auriez-vous vue revoler d'un côté et de l'autre du salon en sautant par-dessus les tables puis en me frayant un chemin entre les obèses parfumés et les vieillards goutteux ?

FERNANDE — Tu n'as jamais eu d'ambition...

LUCILLE — ...et j'ai toujours eu le sens du ridicule. Ça m'a sauvée de bien des misères ! Comment peux-tu encore rêver à ces grotesques pitreries ! Tout ça n'a réussi qu'à gâcher notre adolescence ! Nous étions la risée d'Outremont, Fernande ! Notre vénérée mère se prenait pour mademoiselle de Scudéry et tout le monde qui avait un peu de bon sens riait d'elle ! C'était une précieuse ridicule qui tuait ses enfants sans même s'en rendre compte !

FERNANDE — Encore des grands mots...

LUCILLE — Qu'est-ce que ta poésie est devenue, Fernande? Où est-il, aujourd'hui, ton grand talent d'écrivain? Caché? Honteux? Comme le nôtre? Tu n'aurais pas préféré cultiver ton talent toi-même, discrètement, doucement, normalement, plutôt que de le voir donner en pâture à des gens blasés qui ne pensaient qu'à s'empiffrer à nos frais? Tu as enterré ton talent dans le jardin, comme nous, à côté des poubelles.

FERNANDE — Qu'est-ce que tu en sais?

LUCILLE — C'est vrai... qu'est-ce que j'en sais... Peut-être nous prépares-tu une grande surprise posthume... un journal personnel génial... ou une correspondance de toute beauté!

Fernande sursaute.

LUCILLE, *petit sourire* — Je te souhaite d'être un grand écrivain, Fernande...

YVETTE, *pour changer la conversation* — J'ai entendu dire que tes thés à toi aussi étaient assez « extraordinaires »...

FERNANDE — Mes thés sont ennuyeux comme la mort. J'ai essayé de réunir tous les beaux esprits qui fréquentaient notre maison quand maman vivait encore... mais ils sont tous tellement vieux! Et tellement amers! Enfin, ceux qui restent... L'intelligentsia canadienne-française des années cinquante est percluse de rhumatismes et elle radote comme un petit vieux qui se plaint. Et j'en ai hérité! Quand au sang neuf dont nous aurions tant besoin...

YVETTE — Il ne se recrute plus dans notre monde, Fernande...

FERNANDE — Non, le sang neuf est épais et brun et monte des caniveaux!

LORRAINE — Peut-être, mais y est tellement moins maladif, tellement moins exsangue et tellement moins délicat...

FERNANDE — La délicatesse! Je pensais que le mot n'existait même plus! Le cri a remplacé la délicatesse dans ce pays! Vous n'êtes pas fatiguées d'entendre crier au théâtre, au cinéma, à la télévision? Est-ce que le cri serait devenu notre emblème national? N'est-il plus possible aujourd'hui, ici, maintenant, de dire les choses sans les hurler? J'en ai assez de sortir des salles de spectacles avec un mal de tête!

LORRAINE — Vas-y pus! Personne te force à y aller!

FERNANDE — C'est difficile de se priver de culture quand on en a été gavée! *(Silence.)* J'aime le théâtre. J'aime son cérémonial mystérieux. J'aime me préparer à aller au théâtre, réserver mes places, m'y rendre. J'aime entrer dans un théâtre et m'installer dans mon fauteuil et sentir le rideau rouge frémir... Je me souviens, quand j'étais enfant, j'avais remarqué que les rideaux de théâtre sont rarement longs au point de toucher le plancher de la scène... Et je pouvais deviner, entre le bas du rideau et le plancher, la vie qui palpitait, l'excitation qui régnait sur le plateau juste avant que le spectacle commence.. Je voyais des bottines lacées ou des bottes de daim traverser la scène et j'essayais de deviner qui les portait, quels personnages, quels acteurs... Je frémissais avec eux, les fantômes derrière le rideau rouge, et quand l'éclairage de la salle baissait, lentement, le trac, oui, le trac me prenait! Qu'allais-je voir? Quelle merveille allait encore se jeter sur moi et me violer? Ah! ces quelques secondes passées dans le noir complet alors que le théâtre relevait ses jupes pour me dévoiler ses secrets!

Lorraine éclate de rire.

LORRAINE — Excusez-moi mais la littérature de Fernande m'a toujours fait rire!

FERNANDE — Et ses secrets étaient de beaux secrets! Il valait la peine, à cette époque, d'attendre que le théâtre ouvre la bouche pour nous subjuguer, nous ébahir et nous transporter parce que sa bouche était une source de joie! J'ai voyagé sur le dos du théâtre pendant près de vingt ans, de la Venise des doges à la sanglante Angleterre et de la noble France à l'Espagne fière et sombre! Et tout ce que j'y ai vu était admirable! Et tout ce que j'y ai entendu était beau! Et quand le rideau tombait, après de si courtes heures de bonheur incommensurable, mon cœur s'arrêtait. Ma vie restait prisonnière derrière le rideau rouge et pendant des jours je pouvais me

nourrir de la substance qui m'avait été pro-
diguée! Mais aujourd'hui, la plupart du temps,
surtout dans la soi-disant « nouvelle culture »,
le rideau n'existe même plus! Fini, le mystère
sacré! Fini, le voyage initiatique! Vous met-
tez le pied dans la salle et le décor vous saute
à la figure! Quand les acteurs ne sont pas
déjà là, à vous attendre, en ânonnant leur
texte ou en vous dévisageant comme si des
personnages de théâtre pouvaient vous voir!
Pourtant, vous n'avez pas payé pour qu'on
vous regarde, vous avez payé pour regarder!
Et quand le … spectacle… commence, on
vous provoque, on vous insulte, on vous
salit… Le théâtre n'est plus une femme qui
s'abandonne par besoin, c'est une putain qui
veut faire de l'argent par tous les moyens!

Lorraine éclate encore de rire.

FERNANDE — Rien n'est assez vil, rien n'est
    assez laid, rien n'est assez bas pour attirer le
    pauvre spectateur dans une salle et l'enfermer
    là comme dans une trappe à rat, en lui hur-
    lant dans les oreilles un langage à faire dres-
    ser les cheveux sur la tête!
LUCILLE — Franchement, Fernande, dis-moi pas
    que tu vas encore nous parler des cheveux
    gras du joual *versus* l'ondulation naturelle de
    la langue française! De toute manière, c'est
    peut-être mieux pour toi que le rideau n'existe
    plus! Ce serait cruel de la part des gens de
    théâtre de te faire vivre dans l'expectative,

de t'énerver, de te faire passer par des transes terribles, puis de te donner un trac fou pour ensuite te dévoiler une cuisine de l'est de Montréal! Tu mourrais là!

LORRAINE, *imitant Fernande* — « Il serait temps que le Théâtre quitte la cuisine pour revenir au salon! » Ça, c'est vraiment la chose la plus drôle que tu nous as jamais dit!

FERNANDE — Dite!

LORRAINE — ...dite. Chaque fois que j'y pense, j'me roule par terre de joie!

FERNANDE — N'empêche que l'ère du lavabo et du fond de cour devrait être révolue! Depuis le temps que ça dure! Dix ans, c'est déjà trop, qu'on nous montre autre chose! Une mode qui dure trop longtemps finit par devenir sa propre caricature!

LUCILLE — Une mode qui dure dix ans, ça commence à ressembler à une école, Fernande...

FERNANDE, *qui ne l'écoutait pas* — Sans compter ce que doivent penser les étrangers quand ils nous voient arriver avec notre parler boiteux et nos expressions anémiques! Je ne veux pas que le monde entier pense que nous parlons tous joual! Il y a autre chose, dans ce pays, que des ouvriers mal embouchés! J'en suis et je veux qu'on en parle!

YVETTE, *à Lucille* — Là, Fernande a quand même raison, Lucille...

LUCILLE — Yvette!

YVETTE — C'est vrai! Dieu sait que je ne suis pas toujours d'accord avec ce que dit notre

100

sœur, mais là... C'est vrai que les arts, ici, s'en vont à vau-l'eau depuis que la facilité et l'ignorance crasse ont tout envahi! Je me tue à te le dire depuis que tu t'es entichée, allons savoir pourquoi, d'ailleurs, de tes braillards qu'on a de la misère à comprendre et qui parlent de leurs petits conflits et de leurs petites misères comme si c'était des problèmes vitaux à la survie du monde! C'est bien beau de tout vouloir ramener à soi mais il ne faut pas oublier que le reste du monde continue d'exister pendant ce temps-là et qu'il risque de finir par nous oublier si on s'adresse à lui dans une langue qu'il ne comprend pas...

LUCILLE — C'est bien pour ça que je te dis toujours qu'il faudrait qu'il y ait de la place pour tout! Pour le fond de cour comme pour le salon. Pour la bouteille de bière comme pour le martini. Qu'il y ait de la place pour les deux, Yvette, pour les deux! Avant, y en avait que pour nous! Je veux dire pour notre monde... Tout nous appartenait. Tout nous ressemblait. Tout était fait en fonction de nous. Est-ce que nous nous plaignions, à cette époque-là, que notre «Art» était injuste, qu'il existait un autre «monde» dont il aurait fallu parler? Bien non! Évidemment! Nous nous trouvions beaux, et ça nous suffisait! Mais maintenant que les rôles sont renversés, que nous avons presque disparu de la scène parce qu'une autre génération d'artistes qui ne pensent pas comme les nôtres, qui ne parlent pas comme les nôtres et qui agissent au lieu de se plaindre a supplanté notre sainte élite, nous crions au scandale et à la trahison! Un peu plus et nous en appellerions aux droits de l'homme! Au fond, ce que nous voulons c'est pas que l'Art survive, l'Art ne nous intéresse absolument pas; ce qui nous intéresse c'est d'oublier nous autres aussi que tout le monde est pas comme nous et de tout ramener à notre seule petite clique figée et frigide! Tout ce que nous voulons c'est qu'on nous dise que nous sommes beaux, que nous parlons bien, que nous sommes civilisés et que nous savons souffrir dignement lorsque le malheur arrive! Et, surtout, que les étrangers nous décrètent dignes de leur adresser la parole. Ce que pensent les étrangers est tellement plus important pour nous que tout ce qui se fait dans notre propre pays, hein? C'est tellement plus facile de se mettre en dessous de la culture de quelqu'un d'autre plutôt que de s'en créer une! Mais ce que je comprends mal, c'est pourquoi notre sainte élite ne réagit pas plus énergiquement! Où est sa belle prestance d'antan? Où est son bagout? Au lieu de nous réfugier dans notre coin et de nous gratter le bobo, pourquoi est-ce que nous n'en produirions pas des créateurs qui vont répondre aux autres et lutter pour nous? Pourquoi est-ce qu'on n'assisterait pas à un duel sain et respectueux plutôt qu'à une chicane de clochers par journaux interposés où règnent les coups bas et les grimaces enfantines? Si nous voulons un Claudel nous n'avons qu'à en produire un!

FERNANDE — C'est difficile, dans un monde où tout ce qui est beau est automatiquement raillé !

LORRAINE — Les critères de beauté sont pas les mêmes pour tout le monde, Fernande !

FERNANDE — Dieu merci !

LORRAINE — Tu vois comment tu me réponds ! Comment veux-tu qu'on s'entende... Lucille pis moi on a compris depuis longtemps qu'on n'est pas nées d'une race élue, mais d'une race qui s'est élue elle-même ! Et qui est en train de se mourir d'hémophilie à force de pratiquer le mariage consanguin et l'inceste intellectuel ! Y a des choses tellement belles auxquelles tu t'es fermée à tout jamais, Fernande, parce que tes oreilles sont trop sensibles ! Ce que tu prends pour du bruit peut être de la musique pour quelqu'un d'autre, pis t'as rien à dire ! Pis au lieu de condamner le bruit que font les autres, essaie donc de comprendre c' qu'y veut dire ! Au lieu de frémir quand t'entends un mot de joual parce que tu le trouves laid, essaie donc d'écouter de qui y vient, pis d'où y vient, pis de comprendre pourquoi y existe ! C'est vrai que ce que tu trouves beau est tellement aseptisé, tellement désinfecté, tellement savonné que tu pourrais mourir du premier petit rhume attrapé à l'est de la rue Saint-Laurent !

Lucille s'est approchée d'Yvette.

LUCILLE — Écoute, Yvette... Ici, dans cette maison, deux tendances complètement différentes réussissent à cohabiter... Difficilement, peut-être, mais elles y arrivent... J'endure ton opéra, t'endures mes chansons québécoises. Vrai? réponds!

YVETTE — Bien oui...

FERNANDE — Laisse-toi pas avoir aussi facilement, Yvette...

LUCILLE — Tes opéras me tuent, mes chansons t'énervent. Mais nous arrivons quand même toutes les deux à survivre, non? Ce que j'veux dire... *(Elle cherche ses mots.)* La tolérance, Yvette, c'est tellement plus beau, plus propre, plus respectacle que le mépris!

FERNANDE — Ha! Écoutez-la donc prêcher! Pauvre toi!

LUCILLE, *à Yvette* — Toi, tu aimes ce qui est «beau»... Surtout la belle musique, comme tu l'appelles... Mais as-tu déjà pensé que certaines musiques que tu aimes tant ont été utiles dans leur temps? Et mal jugées?

FERNANDE — Utiles! Tu as bien dit utiles? Toi! s'il te plaît, épargne-nous tes sermons sur l'utilité et la saine concurrence, toi la personne la plus stérile et la plus inutile que je connaisse!

LORRAINE — Fernande, franchement!

FERNANDE — Qu'est-ce qu'elle a tant fait d'utile dans sa vie pour venir nous en parler comme ça? *(À Lucille:)* Tu n'as même jamais trouvé à te marier!

LORRAINE — Fernande, ça va faire!

FERNANDE, *à Lucille* — Pour qui te prends-tu? Qu'est-ce que c'est que ces histoires d'appel à la révolte et de « serrons-nous les coudes et montrons-leur ce que nous pouvons faire » ? Tu t'es cachée toute ta vie! Tu t'es recluse, ici, avec Yvette, à trente ans, comme si tu avais eu honte! Comme si tu avais porté sur toi une tare indélébile qui faisait de toi un monstre! Je peux comprendre la douleur d'Yvette et ses raisons de s'enfermer... Yvette caressait un grand rêve qui ne s'est pas réalisé... Mais toi! tu n'as jamais rien voulu faire! Tu as abandonné tes cours de danse parce que tu te trouvais ridicule, tu viens de nous le dire, et tu t'es enfermée ici après la mort de maman pour écouter une bande d'épais turluter et taper du pied! Et pourquoi? Pour expier les « fautes » de ta classe? Fais-moi pas rire! Un peu plus et tu nous apprendrais que tu saignes le Vendredi saint! Tu te contentes de geindre au fond de ton trou et tu viens nous parler d'utilité! Et de vengeance! Tu as le front de vouloir nous faire un sermon sur l'art utilitaire? L'Art est devenu un papier hygiénique et tu prétendrais nous en vanter les mérites? L'Art est utile pour ceux qui le méritent, Lucille, et toi, tout ce que tu mérites, c'est le trou que tu t'es creusé toi-même et dans lequel tu vas crever!

Long silence.

FERNANDE — Excuse-moi, Lulu. J'ai été trop loin. J'ai été trop loin.

LORRAINE — Comme toujours.

Lucille va s'asseoir dans son fauteuil.

LUCILLE, *avec un petit sourire* — Maman disait toujours: « Évitez les disputes. À tout prix. Elles sont inutiles. Et vulgaires. » Elle avait peur des disputes parce qu'elles sont difficilement contrôlables. Et notre mère était une femme tellement contrôlée! À côté de nous, en tout cas. *(Silence.)* Chaque fois que vous venez ici et que, immanquablement, une discussion s'engage parce que nous ne voyons rien avec le même œil, le fantôme de maman se faufile entre nous et nous empêche de penser et de nous exprimer d'une façon articulée... Avez-vous déjà remarqué que nous n'avons jamais vidé une seule question pendant toutes ces années? Nous passons toujours d'un sujet à l'autre sans jamais nous rendre jusqu'au bout parce que notre mère, il y a vingt-cinq ou trente ans, nous a dit que c'était laid de se chicaner. Si tu le penses vraiment, Fernande, que j'ai raté ma vie pourquoi t'excuser de me le dire? C'est vrai que j'ai manqué ma vie et on ne peut pas dire que la tienne soit une très grande réussite non plus, alors pourquoi ne pas y faire face une fois pour toutes et ne pas passer à autre chose? — De plus... constructif. Oui, Fernande, j'ose parler de reconstruction. Et j'en rêve. Même si je me suis moi-même lié les pieds et les poings. Si nous n'avions pas laissé notre mère tout contrôler dans nos vies et nous neutraliser à jamais, peut-être ne serions-nous pas là, aujourd'hui, à nous plaindre ou à nous cacher... Laisse-moi au moins l'espérer, Fernande! Notre classe a fait de nous des autruches ridicules et bruyantes parce que nous ne lui avons jamais résisté. Tant pis pour nous.

Lucille se lève et se dirige vers la porte.

LUCILLE — Notre mère était peut-être beaucoup plus intelligente que nous le pensons. Elle a parfaitement réussi à nous transmettre sa peur de tout. Sa peur de perdre ce qu'elle avait déjà. Sa peur de perdre ce qu'elle aurait pu avoir. Ce qu'elle aurait dû avoir. Sa peur de perdre. La peur plane sur nos vies et se repaît de nos nuits. Nous sommes toutes inutiles, Fernande, parce que nous nous sommes toutes résignées trop tôt. Toi comme les autres. Et tu le sais très bien. Y a peut-être Lorraine qui s'en est sortie, mais une sur quatre c'est vraiment pas une bien bonne moyenne. Si maman vivait, Fernande, *elle* se révolterait! Parce que *elle* au moins avait du panache. Et du courage.

Elle sort.
Yvette et Lorraine la suivent.

LUCILLE — Au prochain impromptu, Fernande!

FERNANDE — Du panache. Du courage. *(Silence.)* J'ai toujours eu un grand talent pour faire le vide autour de moi. Toute ma vie je me suis arrangée pour repousser les autres, les tenir à distance et rester froide devant les démonstrations d'affection ou les tentatives de complicité. *(Silence.)* Pour me retrouver seule. Pour savourer le moment magique où je me retrouve avec moi-même devant une page blanche... l'instant où je prends la plume... Ha! Encore le même maudit alibi pour ne pas agir! Après tout ce que vient de me dire Lucille, je réussis encore à m'évader au lieu de m'avouer ma lâcheté! *(Elle rit.)* Tout ça est tellement pitoyable. Je devrais pourtant cracher sur toutes ces années... sur toutes ces montagnes de papier... Le plancher de mon grenier est en train de crouler sous les tonnes de papier que j'ai noircies depuis vingt-cinq ans dans le silence au lieu de les faire éclater au grand soleil comme elles le méritent! Par pure lâcheté! Moi aussi! Par peur des qu'en-dira-t-on! Par peur de perdre ma place dans mon milieu! Ha! J'avais peur qu'on me montre du doigt alors que c'était peut-être ce qui aurait pu m'arriver de mieux! *(Silence.)* J'écris, depuis vingt-cinq ans, des lettres que je n'envoie jamais, des lettres passionnées, des lettres passionnantes, des déclarations d'amour, des déclarations de guerre, des réconciliations, des menaces, des aveux, des mensonges, aussi, mais de beaux, de superbes mensonges! Depuis l'âge de vingt-cinq ans je vis par procuration! J'éloigne les humains si peu passionnants qui m'entourent pour coucher mes passions trop grandes pour mon entourage sur des rames de papier que je cache. Que je cache! Je vis dans des lettres jamais postées la grande aventure qu'on m'a refusée! Ha! Revenir en arrière et lutter au lieu de me laisser submerger par les préjugés de mon milieu qui sont devenus les règles de ma vie! Ne pas croire cette mère bornée dont je prétends tant respecter la mémoire, étrangler son mépris avec mes mains, lui ouvrir les yeux avec un couteau, s'il le faut, et lui crier: «La vie n'est pas une série de gestes aseptisés; la vie n'est pas une cérémonie officielle dans une ville de province; la vie n'est pas un thé; la vie n'est pas dans ce salon stérile où chaque geste posé est une tricherie, où chaque parole prononcée en cache dix autres inavouées; la vie est dehors!» Et sortir! Et publier! Parce que si je voulais... Si je voulais... Si seulement j'avais le panache et le courage de me relever après toutes ces années de silence, et d'étonner le monde avec ce que j'ai en moi de richesse frustrée! *(Silence.)* Un jour, oui je m'y mettrai, un jour, je m'installerai au milieu de mon grenier et je relirai tout ça en étiquetant, en mettant en ordre chronologique par sujets ou par destinataires ces morceaux de ma vie que personne ne soupçonne, qui m'ont aidée à passer à travers un mari bonasse et quelconque et des enfants sans intérêt; j'irai voir un éditeur de mes amis et je lui dirai: «Lisez tout ça et faites-en ce que vous voulez. Mettez-y le feu ou pâmez-vous mais faites quelque chose, j'ai besoin de savoir!» *(Silence.)* Non, c'est faux. Je n'ai pas besoin de savoir. Je sais. *(Silence.)* Moi, j'en avais, du talent! Et j'en ai encore. *(Silence.)* J'en ai encore! *(Silence.)* Dans mon grenier pourrit une œuvre littéraire qui, si je la laissait éclater au grand jour, pourrait devenir un phare pour la nouvelle génération d'écrivains qui tâtonnent dans le noir parce qu'ils se rendent compte que depuis quinze ans la littérature a été bafouée, trompée, humiliée, assassinée! Ce repli de la littérature au profit de la vulgarité égocentrique et autodestructrice doit prendre fin! À cette époque où personne n'écrit plus de lettres parce que c'est soi-disant démodé et que le temps manque à tout le monde, partout, cette correspondance née d'un manque d'air et d'un grand vertige devant la niaiserie d'une littérature complaisante pourrait peut-être ouvrir la brèche par où le salut se faufilerait! Je ne prétends pas être ce salut mais je rêve d'être la blessure par laquelle il s'infiltrerait comme une maladie! La maladie du beau, du respectable, du structuré, la maladie salutaire après la gangrène du bafouillé et du bavoché! Dans mon grenier pourrit une œuvre littéraire contrôlée et articulée que je sais belle, que je sais forte mais que j'ai toujours cachée de peur d'être traitée d'élitiste. Mais la littérature, la vrai, *se doit* d'être élitiste ! La littérature a été inventée par l'élite et appartient à l'élite ! Le peuple n'a jamais produit que des rots là où l'élite faisait monter vers le ciel un chant droit et articulé ! Je le pense, je l'ai toujours pensé et je devrais cesser d'en avoir honte ! Et poster, enfin, au monde entier, ces lettres qui le proclament ! Je serai traînée dans la boue, je serai traitée de réactionnaire, de raciste, de fasciste par ceux qui mêlent tout, qui détroussent en croyant créer, ces vulgaires tâcherons qui prônent la laideur, la sueur et les déchets, mais je surprendrai au coin de l'œil de mes semblables les délices de la communion, la jouissance discrète de la complicité et je saurai que j'ai eu raison. Mes lettres ne connaîtront pas de mon vivant la liste infamante des best-sellers mais elles *resteront,* elles ! Je préfère la douceur d'un lever de soleil aux pétards assourdissants d'un grossier feu d'artifice. Du panache, mon œuvre en a. Du courage, j'en manque. Mais pour combien de temps encore ? *(Silence.)* Méfiez-vous de la bête qui dort. Ses griffes peuvent parfois être plus rapides qu'elle-même.

Lucille, Yvette et Lorraine rentrent au salon. Lucille transporte le Cuisinart que lui a offert Yvette.

LUCILLE, *à Fernande* — Yvette avait oublié de me donner son cadeau. Regarde, Fernande, un Cuisinart. *(Regardant vers Yvette.)* J'étais tellement surprise, tu comprends... je m'y attendais pas...

FERNANDE — J'en ai un...

LUCILLE — J'en doute pas.

FERNANDE — C'est très commode. Tu peux tout faire avec ça.

LUCILLE — J'ai hâte de l'essayer...

YVETTE, *souriante* — Hypocrite...

FERNANDE — Bon! Eh! bien, je crois que je vais y aller, moi... J'ai d'autres chats à fouetter... et des plus intéressants!

LORRAINE — Moi aussi... ma gang d'Italiens m'attend pour souper...

FERNANDE — Mais écoutez donc... Avant de partir... Il me semble qu'il faudrait trouver un moyen de ... racheter, en quelque sorte, ce pénible après-midi. Vous ne croyez pas?

YVETTE — Qui est-ce qui l'a rendu pénible?

FERNANDE — Écoutez... Comme tout dans cette maison a toujours fini par des chansons, comme en France, pourquoi ne chanterions-nous pas un petit quelque chose avant de nous quitter?

LORRAINE — Es-tu folle, toi, on vient quasiment de s'arracher les yeux!

FERNANDE — Il faut savoir être civilisée, Lorraine. Mais peut-être est-ce trop te demander...

LUCILLE — C'est toi qui nous fais chanter maintenant?

FERNANDE — Pourquoi pas? Je n'ai jamais dit que je n'aimais pas ça...

LUCILLE — D'accord... Chantons le chant de la réconciliation... si tu y tiens...

YVETTE — Mais qu'est-ce qu'on pourrait chanter, donc !

FERNANDE — J'y ai pensé. Pourquoi ne chanterions-nous pas «Jeunes fillettes, profitez du temps», comme dans le bon vieux temps... Tout ça finirait sur une note tellement plus gaie...

LORRAINE — Mon Dieu !

YVETTE — C'est loin, ça...

LORRAINE — Comment ça commençait, donc... J'sais pas si je pourrais retrouver les premiers accords... les autres non plus, d'ailleurs...

FERNANDE — Je m'en souviens, du début, moi...

Fernande, Yvette et Lorraine se dirigent vers le piano. Fernande pianote les premières notes de la chanson que reprend aussitôt Lorraine en s'installant plus confortablement sur le blanc. Lucille se réfugie dans son fauteuil, son Cuisinart serré contre elle.
Fernande et Yvette encadrent Lorraine.
Lucille sourit.

LUCILLE, *en imitant la voix de sa mère* — «Il faut toujours se réconcilier, dans la vie, les enfants, c'est moins dangereux ! Et le plus intelligent cède toujours le premier !» *(Elle rit.)* Quelle farce !

Et les quatre sœurs Beaugrand chantent
«Jeunes fillettes, profitez du temps» *de plus*
en plus joyeusement. Au beau milieu d'une
mesure (de préférence après un la-la-la-lariet-
tte), elles se figent.
On entend, pendant une dizaine de secondes,
une salve de mitraillette.

FIN

TABLE

Achevé d'imprimer
en septembre 1990 sur les presses
des Ateliers Graphiques Marc Veilleux Inc.
Cap-Saint-Ignace, Qué.